LAURENCE DUJARDIN
SOLEDAD BRAVI

le cahier feng shui des paresseuses

MARABOUT

sommaire

introduction

Pourquoi vouloir « fengshuiser » sa maison, son appartement, son petit nid douillet ?
Pour se sentir mieux, bien sûr, dans sa vie au quotidien, dans sa cuisine, sa chambre, au bureau et avec sa moitié. Mais aussi pour changer tout ce qui ne va plus...
Pour certaines, c'est évident, la situation est claire depuis déjà longtemps. Envie de changer de maison, de boulot, d'amoureux, de vie... ou tout cela à la fois ! Wouah !
Pour d'autres, la vie est convenable... a priori... *mais la question s'est déjà réellement posée.*
Alors, êtes-vous heureuse, totalement et complètement, à tous les niveaux et sans aucune exception ?
Si c'est le cas, OK, tant mieux, mais c'est quand même difficile à croire ! Sinon, le feng shui est là pour vous aider à y voir clair, faire un peu, voire beaucoup, de ménage physique et énergétique, et changer, eh bien... tout ! Alors, comment ça marche ?

Il est vrai qu'il est parfois difficile de s'y résoudre parce qu'elle est invisible, mais l'énergie est présente partout. Dans votre environnement, votre intérieur, les couleurs, les formes, les matériaux... et vous êtes intimement reliée à tout ce qui vous entoure. Agir sur tout cela vous permettra d'amorcer le processus de transformation dont vous avez besoin pour être bien au quotidien, et sous toutes les coutures.

En bref, voici la recette idéale :

- *analyser la situation et son environnement ;*
- *se retrousser les manches pour faire LE ménage de l'année ;*
- *purifier telle une grande prêtresse ;*
- *aménager une déco inspirée et qui vous ressemble, tout cela avec beaucoup de bon sens très très positif pour atteindre les objectifs fixés.*

Un dernier conseil : il est important de suivre votre intuition et votre bon sens et votre désir de changement sera réalisé à la hauteur de ce que vous voulez. Adoptez une attitude positive pour réussir votre feng shui en toute confiance.

chapitre

1

PLUTÔT TIGRESSE OU DRAGONNE ?

Vous devez avant tout découvrir votre nature yin ou yang. Petite, vous étiez ce garçon manqué qui jouait aux billes plutôt qu'à la poupée et préférait le ballon de foot à la corde à sauter. Eh oui, ça arrive... Les temps ont bien changé et vous êtes devenue une femme. Sinon, ne désespérez pas, vous y parviendrez ! L'idée, maintenant, c'est de trouver l'équilibre pour faire tourner la tête des hommes en étant sensuelle à tomber mais en gardant votre sang-froid. Et faire de même dans votre foyer !

Le foyer de la dragonne

Alors, c'est maintenant qu'il faut y penser… s'il est à votre image. Pour « yangiser » votre appart' et trouver l'équilibre (indispensable), optez pour des matières et des formes plus yang : du rectiligne, du carré et des couleurs appropriées, du jaune, du blanc, de l'orange ou du rouge (très très yang, le rouge !). Et évitez les coussins ronds, doux et de couleur yin, entre autres…

Rechercher sa vraie nature

Au risque de vous surprendre, nous allons parler de *Star Wars* et du fameux Dark Vador. Quel rapport avec le feng shui, pensez-vous ? Le noir et le blanc, le bien et le mal, le jour et la nuit, le yin et le yang... bref, sans être manichéenne, il est indispensable de bien comprendre (mais si !) que comme Dark Vador, vous êtes faite de bien et de mal, de positif et de négatif et vous ne pouvez être l'un sans l'autre. Si la nuit n'existait pas, on ne parlerait pas de jour. Évidemment, il faut veiller à ne pas être plus l'un que l'autre. Il en va de même pour votre foyer. Petit à petit, vous allez prendre conscience qu'un intérieur tout blanc ou tout noir, ce n'est pas génial.

La phrase du jour « Réalisez l'équilibre entre le yin et le yang et votre bien-être est assuré ! »

Le foyer de la tigresse

Vous, vous avez plutôt intérêt à féminiser votre intérieur parce qu'il y a des chances qu'il soit très yang. Manque de chaleur, de convivialité, déco inexistante… Je chauffe ? Les petits frous-frous, les rideaux, les coussins, les tapis, ça ne vous dit rien ? Allez, faites un effort ! Optez pour des couleurs et des formes douces, des éclairages tamisés, du romantisme ! Bref, arrondissez les angles pour relâcher votre dynamisme éclatant mais un peu trop costaud pour une jeune femme comme vous qui recherche l'équilibre !

Quelle dragonne êtes-vous ?

Dragon, dragon, où es-tu ? En feng shui, cinq animaux existent, dont le fameux dragon. D'abord, il serait plus opportun de parler de dragonne (aux longs cils ! comme dans *Shrek* en fait, la copine de l'Âne…), parce que, en feng shui, cet animal représente plutôt la féminité. Et que nous dit-il ? Si vous êtes naturellement plus féminine, vous êtes une vraie dragonne, vous êtes plus yin. Plus douce, plus ronde, au sens propre, donc dans vos formes (mais non, vous n'êtes pas grosse !), comme au sens figuré, soit dans votre comportement. Attention, le yin, c'est aussi la passivité, le calme et… le manque d'action flagrant. Êtes-vous du genre à cocooner sur le canapé avec un pot de Nutella® et la télé en prime ? Attention au trop-plein de yin qui risque de vous ramollir… Ou alors vous avez intérêt à vous trouver un super Apollon yang !

Ou plutôt tigresse ?

Là, c'est l'inverse… vous parlez avec une grosse voix et marchez avec des baskets ! Vous êtes un vrai garçon dans votre manière d'être et de faire. Vous voilà plutôt tigre, qui est le deuxième animal feng shui ; il représente le masculin.

Petit rappel yin et yang pour ne pas commettre d'impairs

- Yin : voilages, rideaux, tissus, tapis, eau, bois clair, bleu, vert, violet, marron, noir, teintes pâles, formes courbes et arrondies et lignes horizontales.
- Yang : volets, carrelage, feu, bois foncé, métal, rouge, orange, jaune, blanc, rose, teintes lumineuses et brillantes, formes carrées et géométriques, lignes verticales.

Réaliser l'équilibre parfait, le fameux tao

Ah, l'équilibre ! La voilà, la solution, mais ça, vous l'aviez déjà compris. Nous sommes tous faits de bien et de mal, de jour et de nuit, au même titre que de yin et de yang, et l'essentiel est d'y trouver un équilibre. Vous serez d'accord avec moi, certains hommes sont parfois plus yin et des femmes plus yang ; mais rien n'empêche une parfaite femme d'affaires d'être ô combien féminine et sexy. Bon. Là, le yin et le yang se complètent parfaitement (dans l'absolu bien sûr ; cette femme d'affaires a certainement un vilain défaut !). C'est comme ces intérieurs où, dès que l'on passe la porte, on se sent bien et on trouve l'endroit chaleureux, accueillant, agréable. Souvent parce que les propriétaires ont fait du feng shui sans le savoir, et simplement par leur sensibilité et leur intuition plus affinées, ont trouvé l'équilibre « idéal » dans les formes et les couleurs.

Avant/Après feng shui

Alors, êtes-vous plutôt tigresse ou dragonne ?

Faites le bilan et dressez la liste de ce que vous devriez modifier pour arriver à un bon équilibre.

On résume

Vous devez habiller tous vos espaces yin de « base yin », mais le yang est fortement recommandé (chambres, salles de bains...) ; et inversement, vous pouvez mettre du yin dans vos pièces yang comme le salon, la salle à manger ou le bureau. Trouvez donc votre équilibre et bonne route sur le tao pour réussir l'aménagement de votre intérieur avec succès !

chapitre

2

VOTRE ENVIRONNEMENT (ET VOS VOISINS) SOUS TOUTES LES COUTURES

Rien ne sert de construire la plus belle maison qui soit, dans l'espace idéal que vous avez imaginé depuis si longtemps, si vous n'avez pas passé votre environnement au peigne fin. Par « environnement », on entend bien sûr l'emplacement géographique, mais aussi vos voisins. Oui, oui, vous pouvez attraper vos jumelles et mater le bel Apollon d'en face !

Se transformer en vrai limier

Voyons ce qui vous entoure... Que celles qui habitent un petit appartement, dans une petite rue sombre, en face d'une prison, se rassurent. L'environnement est fondamental, certes, mais pas rédhibitoire ! Bien sûr, les énergies ambiantes sont radicalement différentes de celles qui émanent d'une chaumière en lisière de forêt. Mais l'essentiel est d'en avoir conscience et d'en tenir compte pour votre futur aménagement feng shui. Si votre environnement véhicule de mauvaises énergies, il sera nécessaire de les corriger, même si votre foyer vous semble esthétiquement parfait.

Sortir ses jumelles (et espionner ses voisins...)

L'environnement humain est lui aussi très important... vos voisins, quoi. Certaines d'entre vous ont sans doute beaucoup de chance si leur voisin est un magnifique Apollon, célibataire bien entendu. D'autres en ont moins et doivent se contenter du vieux grincheux qui sort sa carabine à tout bout de champ. Dommage... Imaginez donc l'impact sur votre vie, concrètement d'abord, et virtuellement en énergie ensuite ! Cet environnement sera plus facile à contrôler si vous êtes dans une maison car des protections sont possibles.

Les bonnes vibes

+ une école, un marché, une forêt, ce qui véhicule des énergies vivantes et positives.

Les mauvaises vibes

− un commissariat de police, un hôpital, un cimetière, une station-service, ce qui véhicule des énergies... négatives.

La phrase du jour « Rendez vos aménagements efficaces en tenant compte de votre environnement. »

Rouge *versus* bleu !

Le rouge, couleur très feu, notamment sur une porte extérieure ou des volets, vous protégera efficacement des alentours. Le bleu en revanche vous assurera jalousie et mépris de tout ce qui vous entoure, à moins que vous ne viviez dans les îles grecques... C'est comme accrocher des animaux empaillés dans votre entrée ; ils auront toujours moins d'effet chez un chasseur dont c'est le métier que chez vous où cela dénotera une violence peu commune...

Protéger efficacement

Non, vous n'allez pas enrober votre foyer d'une immense couverture de survie... quoique ! L'idée, c'est de vous protéger à l'extérieur et à l'intérieur. Avec un jardin, vous commencez à le savoir, c'est plus facile. Vous pouvez organiser une rangée de verdure assez haute qui servira de barrière végétale et arrêtera les mauvaises ondes... Ça marche aussi sur une terrasse ou un balcon. Cela dynamisera vos zones feng shui (vous comprendrez bientôt), ce sera joli et en plus vous protégerez votre intérieur. Côté couleurs, il faut impérativement éviter le bleu et préférer le rouge, notamment en extérieur. À l'intérieur de votre cocon, votre installation « fengshuisante » devra tenir compte des anomalies extérieures et dynamiser plus particulièrement les zones concernées.

La flèche de « cha », ou comment est placée votre maison (ou votre immeuble)

La maison, ou l'immeuble, qui se trouve juste en face d'une rue est à éviter absolument. Non, il ne s'agit pas d'une superstition, mais imaginez une énorme flèche d'énergie venant de cette rue (ou de cette route), vous « fonçant » littéralement dedans... et vous balayant au passage ! Si c'est votre cas, pas de panique. Si vous habitez une maison, investissez dans de la peinture rouge pour repeindre illico vos volets et/ou votre porte d'entrée ! Et ajoutez une très grosse barrière végétale. Si vous êtes dans un immeuble, c'est sûr, c'est plus compliqué... vos voisins ne seront peut-être pas d'accord...

Éviter trop de courant électrique

C'est malheureusement le mal du siècle... Pourtant, vous le savez, qu'il vaut mieux éviter de construire sa maison sous les poteaux électriques, et puis ce n'est même pas beau ! D'accord, ce n'est pas si évident dans ces villes où les antennes pullulent et où la pollution électromagnétique nous envahit. Mais pas de catastrophisme, juste une petite piqûre de rappel. Le trop-plein d'énergie électrique, c'est certain, ça peut faire disjoncter, ce que l'on ne vous souhaite pas ! Comment faire ? Pour être tout à fait honnête, habiter tout près d'un poteau électrique pose un réel problème. Alors encore une fois, ayez recours au rouge pour vous protéger et faites appel à un spécialiste qui pourra réduire les ondes néfastes chez vous... Ou alors déménagez ! Non, c'est une blague, le spécialiste sera plus efficace et plus rapide !

La solution des spécialistes

Des câblages blindés peuvent être installés chez vous, ce qui isole complètement le courant électrique dans la maison. C'est très courant (oh, le jeu de mots !) dans d'autres pays, mais c'est encore très cher. C'était une petite parenthèse sur le sujet, mais pensez-y quand même si vous êtes concernée.

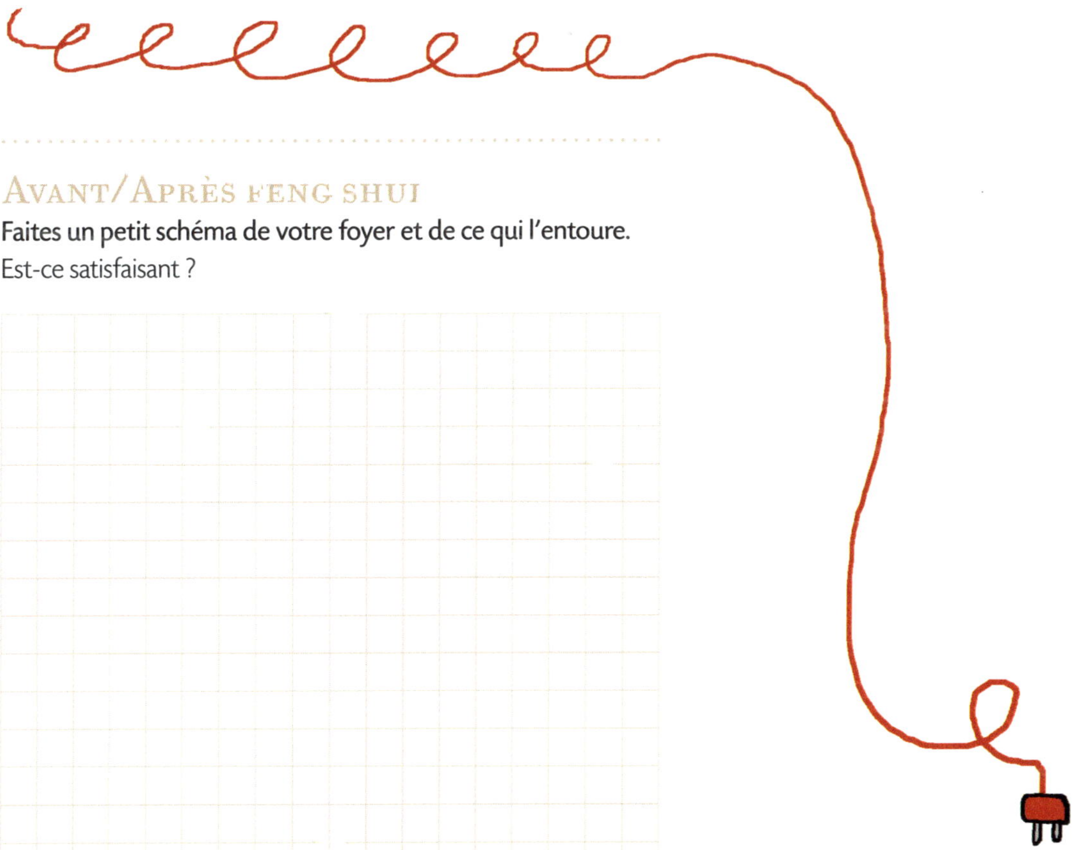

Avant/Après feng shui

Faites un petit schéma de votre foyer et de ce qui l'entoure.
Est-ce satisfaisant ?

chapitre

3

JEU DE PISTE : RETROUVER LES BÊTES FÉROCES OU VOLANTES

*Prête pour un jeu de piste ?
En feng shui, cinq animaux cohabitent,
chacun véhiculant une notion particulière
et très importante pour votre foyer et votre vie
en général. Mieux vaut donc se méfier
et les repérer pour en faire bon usage.
À vous de jouer pour les retrouver !*

Une tortue et sa carapace, ça protège !

La tortue est l'animal protecteur de votre foyer, et de vous dans l'absolu. Comment la repérer ? Retournez-vous, c'est elle qui se trouve derrière votre maison ! Que pouvez-vous observer ? Une montagne ? Super. Un gros immeuble ? Pas mal. Une pente, rien ? Pas de bol vous n'avez apparemment pas de protection et c'est un peu embêtant. L'idée est donc de reconstituer la tortue qui devrait se trouver là, par exemple grâce à une barrière végétale. Si vraiment vous ne pouvez rien faire à l'extérieur à cause du vieux grincheux qui vous sert de voisin, attaquez l'intérieur de votre foyer. Cette tortue peut se trouver dans votre bureau, ou encore dans votre chambre : rapprochez donc votre lit du mur ; un lit posé au milieu d'une pièce n'est pas feng shui du tout et empêche de bien dormir.

Optimiser le dragon

Lui, c'est donc le caractère féminin. Sur le terrain, il est à droite de votre entrée, et il se doit d'être le plus haut possible, surtout face au tigre placé à gauche. En gros, quand vous regardez votre maison (ou votre immeuble), il vaut mieux y trouver une côte, de grands arbres ou bien un grand immeuble, plus hauts que ce qui se trouve de l'autre côté. Cette disposition idéale vous permettra de bénéficier du yin indispensable à une vie agréable... de la douceur et de la communication en perspcctive. Surtout si vous êtes très yang, il n'est pas négligeable de vous aider des bienfaits du dragon !

La phrase du jour « Placer au mieux les cinq animaux chinois dans votre maison vous permettra, avec force et inspiration, de maîtriser votre environnement et jouir d'un futur plein de promesses en toute protection. »

Le siège éjectable

Évitez à tout prix cette position dans laquelle vous risquez de ne pas faire long feu au bureau... vous savez, ces deux bureaux qui se font face ? Il y a le chanceux qui est face à la porte et qui voit tout ce qui arrive. Et il y a l'autre, celui qui est dos à la porte et qui n'a aucun contrôle sur ce qui se trouve derrière... Ces sièges restent souvent vides, leurs occupants dégageant assez vite, soit parce qu'on les vire (eh oui !), soit parce qu'ils partent d'eux-mêmes, ne supportant pas cette pression.

Dompter le tigre

En revanche, gare au tigre plus haut que le dragon, qui apporte de l'agressivité dans votre foyer ! Vous avez la chance d'avoir un jardin ? Vous pouvez essayer de rétablir l'équilibre en réduisant au maximum le tigre face au dragon ! Vous êtes de toute façon entourée d'immeubles... et de dragon ou de tigre, mais pas dans le bon sens ? Le plus important est de savoir que cela aura une incidence et d'essayer de rétablir l'équilibre en apportant plus de yang ou plus de yin selon les cas... et de conserver votre vie pépère ou survoltée, comme ça vous chante !

Laisser voler le Phénix

Le Phénix correspond à vos perspectives d'avenir, alors imaginez son importance... Il est la vue que vous avez de chez vous. Si vous avez de grandes baies vitrées donnant sur la mer ou sur un champ de coquelicots, bingo, vous avez gagné ! Ce Phénix très positif vous assure de développer vos projets les plus fous. En revanche, si votre porte d'entrée ouvre sur un grand mur (un peu extrême quand même !) ou bien si votre vue plonge dans l'immeuble du vieux grincheux d'en face tout proche, là, c'est plus difficile (bon, si c'est Apollon qui s'y trouve, vous devriez vous y faire !), et la solution sera sans doute de dynamiser vos zones projets dans votre « sudoku feng shui » (reportez-vous au chapitre suivant)...

Conseil de paresseuse

Si vous ne pouvez placer votre bureau dos au mur, face à la porte, investissez dans un super-fauteuil qui vous enrobera bien et vous protégera quoi qu'il arrive. Très pratique aussi pour faire la sieste !

« Sssssss », où se cache votre serpent ?

Ssssssssss... Là, on parle d'ancrage, de ce qui vous relie au sol, à la terre... La maison sur pilotis par exemple, c'est l'horreur en feng shui (dommage pour celles qui comptaient aller s'installer à Bora Bora). Pas d'assise au sol, pas de fameux serpent... À réserver aux personnes déjà bien ancrées et pas du tout dans la lune. Donc, le serpent est l'ancrage qui vous permet tout simplement de rester les pieds sur terre ! Non négligeable quand même.

Avant/Après feng shui

Dressez une petite liste de tout ce qui se rapporte aux cinq animaux feng shui chez vous.

On résume

- **La tortue :** protection et stabilité grâce à sa carapace.
- **Le dragon :** esprit clair grâce au développement de son intuition et à sa féminité « dragonne ».
- **Le tigre :** puissance et force s'il maîtrise son agressivité.
- **Le Phénix :** perspectives d'avenir avec un Phénix dégagé.
- **Le serpent :** stabilité et ancrage.

chapitre

4

À VOS PLANS : UN NOUVEAU TYPE DE SUDOKU RIEN QUE POUR VOUS !

Le feng shui doit rester un outil amusant et ne surtout pas devenir un instrument de prise de tête ! Faudrait pas que vous enquiquiniez tout le monde ! « Mais pourquoi tu fais ça ? Et pourquoi tu mets ça ici ? » Amusant, comme un jeu donc. Et après le jeu de piste, place au fameux sudoku !

9 carrés, 9 zones

Ces zones regroupent tous les domaines de votre trépidante vie de paresseuse : vos sous, votre image, vos amours, vos projets, la famille, votre carrière, vos connaissances, l'aide extérieure et vos voyages. C'est pas génial de voir ce qui va bien, ou pas, rien qu'avec ce petit carré ? C'est parti !

Découper sa demeure

Première étape incontournable, munissez-vous du plan de chez vous. Posez sur le plan votre « sudoku fengshuisé », *aka* votre « bagua » qui comporte 9 zones, en le plaçant à partir de la porte d'entrée. Et là, que découvrez-vous ? Votre famille est dans la chambre ? Bon. Vos amours dans la salle de bains ? Oups... (OK, ça dépend de quel point de vue on se place !) Les projets et l'avenir dans votre beau salon à la superbe vue dont vous êtes très fière ? Ça, c'est plutôt pas mal.

Ma salle de bains (ou mes toilettes) est...

La place de votre salle de bains ou de vos toilettes est très importante. Imaginez que l'eau s'écoulant dans les égouts entraîne avec elle toutes vos bonnes énergies... et les bonnes énergies de la zone où ces pièces se trouvent. En zone amour, ce sont vos relations conjugales qui vont en pâtir ; pour les sous, c'est le porte-monnaie qui va s'affaiblir... Vous avez compris... Rassurez-vous, nous avons survécu avec nos toilettes dans la maison, donc pas de panique et prenez du recul. Conservez ce confort encore quelques décennies, mais restez sur vos gardes !

La phrase du jour
« Ma maison est le reflet de ma vie. »

Lumière ou pas ?

Il est aussi déterminant de voir comment vos zones sont éclairées. Votre zone projets « générale » donne dans un grand dressing ? C'est pas top, il faut le reconnaître. Une belle vue sur la mer, c'est mieux. Ce sera évidemment très instructif sur les possibilités ou les non-possibilités… Mais encore une fois, soyez fière et volontaire, ne vous laissez pas abattre par vos éventuelles découvertes malheureuses. Vous croyez que Julia Roberts n'a que des ouvertures partout ? Pas si sûr… Alors la vie continue et ouvrez tout ce qu'il est possible d'ouvrir !

Découvrir ses manques, eh oui…

En y regardant de plus près, vous remarquez des cases vides ici ou là… Votre case amour est vide, totalement et désespérément ? Vous comprenez enfin votre difficulté à rencontrer l'homme de votre vie depuis que vous vous êtes installée là. Dur, dur… Mais au moins, vous connaissez la cause du désastre et vous allez pouvoir agir. Ça y est, vous sautillez de plaisir ? Bon, c'est un peu plus grave si c'est la case argent qui est vide…
L'important est de déterminer si des cases restent vides malgré la pose du « sudoku fengshuisé ». Si c'est le cas, pas de panique, des solutions existent : allez donc allumer un cierge dans l'église du coin, ou prier sainte Rita (vous savez, celle qui s'occupe des causes désespérées !)… Certes, il va falloir les combler ces vides, mais non, rien n'est désespéré ; ce cahier vous dévoile plus loin des solutions efficaces, pratiques et faciles à appliquer.

… et valoriser ses « plus », oh oui !

Ou alors, bingo, vous avez tout gagné ! Votre appart dépasse du carré, et tout ce qui dépasse, c'est du bonus dans la zone concernée. Détail important, ces « plus » ne doivent pas dépasser la moitié d'une façade de tout votre appartement. Je vous ai perdue ? Reportez-vous au petit schéma spécial paresseuse.

Rejouer au sudoku dans tout son intérieur

Maintenant que vous vous êtes prise au jeu, vous pouvez faire la même chose dans chaque pièce, salle de bains, cuisine, chambre, bureau, salon, tout doit être passé au peigne fin. Si vraiment votre vie est un désastre amoureux, observez minutieusement vos zones amour dans chaque pièce ou au moins dans votre chambre et/ou votre salon. Elles ne comportent sans doute rien, au mieux des cactus bien piquants ou encore vous, seule, dans le désert... Le feng shui n'est qu'une affaire de bon sens, retenez-le ! Étudiez à la loupe chaque recoin de vos pièces et scrutez ce que votre cher inconscient a décidé d'y mettre... Il y a de fortes chances que vous découvriez enfin le pourquoi de votre découvert qui ne se lasse pas de virer au rouge, ou encore pourquoi vos projets ne décollent pas. Souriez ! Vous reprenez enfin la maîtrise de votre vie !

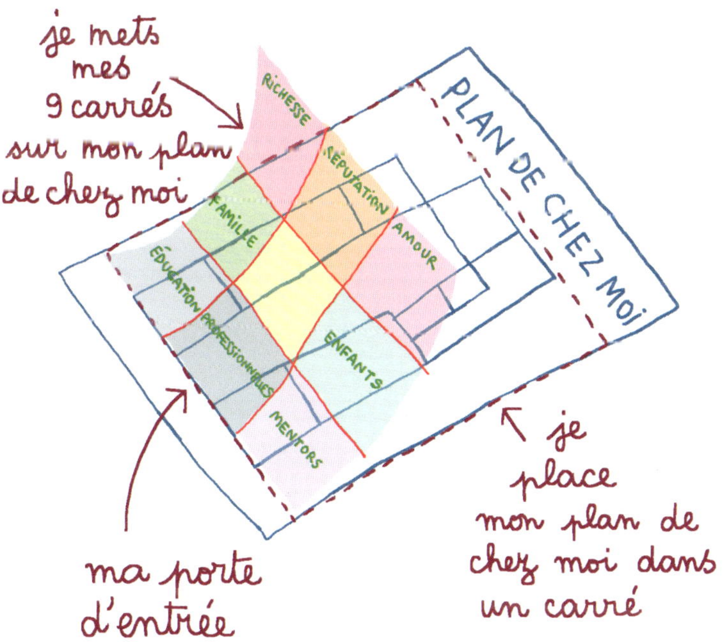

Le bilan des dégâts... ou des succès

Il ne vous reste plus en effet qu'à faire le bilan, excellent, médiocre, voire très mauvais en fonction de vos découvertes. Gardez bien tout en mémoire, d'autres petits trucs s'ajouteront et affineront ce bilan, et notamment plein de solutions, d'astuces et d'idées pour réduire (anéantir) les dégâts... ou bien améliorer un karma déjà bien positif ! Chanceuse, va !

chapitre

5

LE GRAND NETTOYAGE DE PRINTEMPS

Le nettoyage est une étape indispensable du feng shui. Et pas la petite briquette du dimanche, non, un vrai grand ménage de printemps, celui que l'on ne fait qu'une seule fois par an (oui, oui...) et impossible à déléguer. Débarrassez-vous du vieux pour installer le neuf, prenez soin de vos énergies.

Quand faire son grand ménage ?

Dès que vous en ressentez le besoin. Une envie de changement ? Un sentiment de routine vous envahit ? Videz vos placards, rangez vos papiers. Et faites de même au bureau ! Peu importe le regard de vos voisines curieuses, ou tout simplement jalouses parce que vous avez ce petit air de neuf qu'elles n'arrivent pas à s'expliquer. Vous ne vous ferez pas que des ami(e)s en acceptant de changer… On n'aime pas trop celles qui accèdent à plus de liberté. Mais vous êtes grande et vous assumez, non ?!

Se débarrasser de ses démons

Imaginez votre appart' et passez-le aux rayons X... L'horreur ! Comme dans un film, vous découvrez une gigantesque toile d'araignée qui vous entoure, qui entoure chacun de vos meubles, vos vêtements, vos bibelots... bref, vous ne pouvez plus marcher tellement il y en a. Ces toiles représentent vos liens énergétiques (mais si !) avec tout ce qui fait votre *intérieur*. Meuble de mamie, cadeau de belle-maman, vieux machin que vous n'avez pas mis depuis dix ans... et même des affaires de votre ex qui traînent là, bien en évidence, et qui, mine de rien, vous empêchent de rencontrer l'homme de vos rêves !

La phrase du jour « Se débarrasser du vieux pour installer le neuf prépare un grand bouleversement... positif, bien sûr ! »

Les cadeaux empoisonnés

Si vous hésitiez encore à les jeter et que, bien disciplinée, vous les gardiez à la cave, lâchez-vous ! Jetez les cadeaux de belle-maman que vous détestez (les cadeaux, pas belle-maman, quoique...). Vous vous débarrasserez en même temps de leur énergie, certainement mauvaise, et des « toiles d'araignée » qui vont avec !

Vider ses vieilleries

Pour commencer, il va falloir vider vos placards et bannir à jamais de votre langage : « On ne sait jamais, ça peut servir. » Vous savez bien que cela ne servira jamais. Oui, c'est difficile, vous y êtes attachée, à vos vieilles énergies, et l'inconnu est un peu effrayant. Pourtant, c'est toujours pour du mieux, alors lancez-vous et gardez la foi. Faites comme Indie qui va chercher la coupe du Christ et qui doit se jeter dans le vide alors que le pont n'existe pas ! Sans exagérer et même si vous n'êtes pas Indiana Jones, votre réalité n'est pas tellement différente. Et vous pouvez vous en rendre maîtresse si vous vous en donnez les moyens et laissez vos peurs derrière vous. Et puis vous avouerez quand même que c'est sympa de jeter, de se débarrasser. Vous vous sentez toujours mieux après, non ? Le bonus, c'est que vous pouvez refaire un petit coup de shopping, ce n'est pas si mal !

Nettoyer... nettoyer...

Vider, c'est bien, mais soyez honnête, ce n'est pas suffisant. Grâce à toute cette place qui s'est faite, vous pouvez en profiter pour faire un grand nettoyage. C'est maintenant que vous devez remonter vos manches et attaquer les toiles d'araignée, bien réelles celles-là. En un rien de temps (ou presque), vous vous retrouverez avec un appartement (une maison) clair, beau, comme neuf... où tout peut arriver ! Alors ne perdez plus une seconde, à vos plumeaux !

Un peu plus écolo et moins électrique !

Pour le plus grand bonheur de votre demeure, optez pour des solutions plus écologiques et naturelles tout simplement. Pour une maison plus saine.

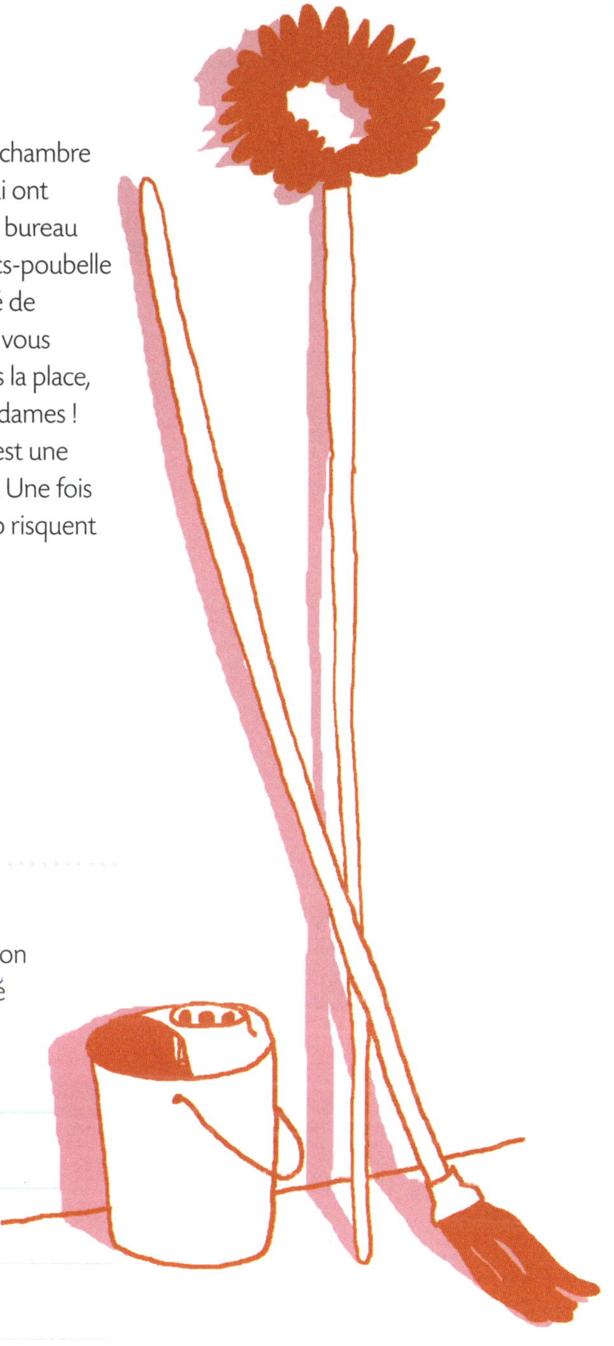

Ranger vraiment

Dernière étape, le rangement. Tout doit y passer : la chambre et ses placards, la salle de bains et ses échantillons qui ont atteint leur date limite depuis des années et, enfin, le bureau et tous ses papiers. C'est pas le bonheur, le tas de sacs-poubelle prêts à déborder ? Et bien sûr, vous n'avez pas oublié de rapporter ces objets que votre ex, copine ou voisine vous avaient demandé de garder parce qu'ils n'avaient pas la place, n'est-ce pas ? Retour à l'envoyeur, s'il vous plaît, mesdames ! Ah, on se sent plus légère tout d'un coup ! Eh oui, c'est une autre manière de perdre du poids, rapide et efficace. Une fois les barrières de protection enlevées, vos kilos en trop risquent de prendre le large eux aussi.

Avant/Après feng shui

Le tri est fait ? Inscrivez ici tout ce qui porte la mention « ça peut toujours servir » et que vous n'avez pas jeté et faites un nouveau tri !

chapitre

6

RÉVEILLER LA GRANDE PRÊTRESSE QUI SOMMEILLE EN VOUS…

Les choses sérieuses commencent. Respirez un grand coup et dites-vous que votre maison n'attend que ça. Mais quoi, au fait ? Une super « purification » bien sûr ! C'est très tendance, et in-dis-pen-sable pour chasser les mauvaises toiles d'énergie qui s'accumulent. C'est le moment d'enfourcher votre balai magique et énergétique et de prouver que vous êtes pleine de super-pouvoirs !

Débranchez tout, débranchez-vous

D'abord, il n'est pas question que quiconque vous dérange. Vous devez être au calme, presque en méditation active et prête à tout chambouler. Éteignez donc les téléphones, appareils électriques, ordinateurs... Votre maison doit respirer le calme et le silence. Vous serez plus à l'écoute pour lui donner son soin de beauté. Et vous pouvez être certaine que plus votre maison se sentira bien, plus vous en ressentirez les bienfaits. Ensuite, il s'agit pour vous aussi de vous débrancher. Dur dur d'arrêter de penser à ce rapport urgent que vous devez rendre à votre patron, ou encore au cadeau d'anniversaire de belle-maman que vous avez promis d'acheter, sauf que vous n'avez carrément plus le temps. Lâchez tout ! Soyez très égoïste ! Et c'est parti pour quelques bonnes minutes de relâchement, offert « par la maison » et pour la maison.

Allumez bougies et encens

Étape bien sympathique, vous pouvez enfin allumer tous ces encens et bougies achetés lors de votre dernière séance shopping. Laissez aller votre inspiration et allumez les bougies de la couleur choisie (reportez-vous au code couleur en encadré) dans chacune des pièces de la maison. Si vous choisissez l'encens, prenez-le indien : l'odeur est démente.

Petit code couleur des bougies

Blanches pour purifier vraiment, jaune orangé pour dynamiser et rouges pour vraiment plus d'action. Le vert est idéal pour une super-abondance de fluide monétaire ou vital ! Rose pour plus d'amour, violet si vous voulez vraiment déconnecter de votre vie d'avant. Évitez le bleu, symbolique de l'eau, qui ne fait pas bon ménage avec le feu ! Une évidence.

La phrase du jour

« Plus ma maison se sent bien, plus je me sens bien. »

Prendre un bon bain salé

Après une telle purification, rien de meilleur qu'un bon bain, salé de préférence (et avec du gros sel) car le sel est un super-purificateur bien connu de toutes nos grand-mères. Vous pouvez y ajouter des pétales de rose, des huiles essentielles, tout ce qui vous fera vous sentir bien. Bonne détente !

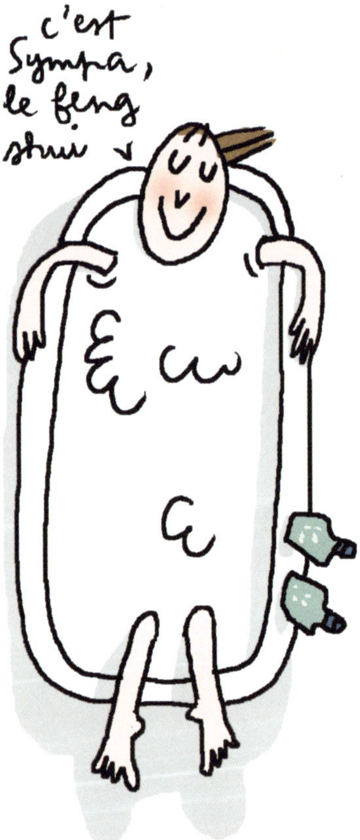

Purifiez, telle une grande prêtresse

N'oubliez pas de prévenir votre maison que le « travail » va commencer. Il ne s'agirait pas de la prendre en traître... L'encens va purifier votre foyer par l'élément air, les bougies par le feu. Normal ! Pour imiter les purifications des civilisations anciennes, vous pouvez passer dans toute votre maison dans le sens des aiguilles d'une montre en tapant des mains trois fois régulièrement ; on appelle cela le « clapping » et c'est très sérieux. Vous n'avez jamais remarqué l'énergie qui ressort d'une salle de spectacle après les applaudissements ? Un étourdissement. Eh bien c'est juste le fait d'un véritable changement d'énergie très positif. Alors même si vos petites mains n'ont pas le pouvoir de milliers de mains du Stade de France, vous pourrez quand même réaliser des miracles. Vous pouvez aussi parsemer votre maison de pétales de fleurs pour une purification avec l'élément terre. Encore un détail, tirez les rideaux pour éviter que vos voisins ne crient à la folle ! Visualisez votre maison dans de belles couleurs violette et blanche, qui la protégeront des mauvaises énergies.

Du sel, du sel et encore du sel

Le sel est donc un outil idéal pour purifier et éliminer les mauvaises énergies accumulées, de la petite dispute aux événements plus lourds. Vous pouvez pendant plusieurs jours placer à chaque coin de votre maison un petit bol avec du gros sel. Laissez-les au moins trois jours, sept maximum, et ensuite jetez le sel dans les toilettes... une précision importante. Chargé de tout le mauvais, vous imaginez bien qu'il vaut mieux ne pas le remettre dans la salière.

Faites un vœu, ou plusieurs !

Votre maison ainsi vidée de toutes les mauvaises énergies, pensées, émotions est protégée par votre halo violet. Vous pouvez donc de nouveau la remplir de vœux de bonheur et de tout ce qui vous chante. Recommencez la croisade dans le sens des aiguilles d'une montre et criez à tue-tête (le dire à voix haute suffira) vos désirs, que vous aurez pris soin d'écrire auparavant. Et surtout, pas de limites ! L'Apollon d'en face (mais quelle obsédée !), les sous, la nouvelle voiture, et pourquoi pas des choses plus spirituelles… Tout ce qui vous passe par la tête mais qui n'est pas encore concrétisé. Et puis oubliez ce que vous avez demandé pour ne pas cristalliser vos pensées, envies et objectifs.

Avant/Après feng shui

Inscrivez ici tous les vœux que vous souhaitez voir se réaliser.
Ce sont ceux-là que vous crierez à tue-tête au moment de la purification de votre maison.

chapitre

7

SCOUT TOUJOURS ! ON RESSORT SA BOUSSOLE

Du matin, de midi ou du soir, le soleil vous apporte inévitablement des vibrations, toujours bonnes, mais différentes... Concret ou « virtuel », il produit une énergie bien spéciale et donne aussi des tas d'indications sur ce que vous allez vivre ou vivez déjà. Si vous avez la curiosité de sortir votre boussole, vous pourrez découvrir les secrets bien gardés de chacune de vos pièces.

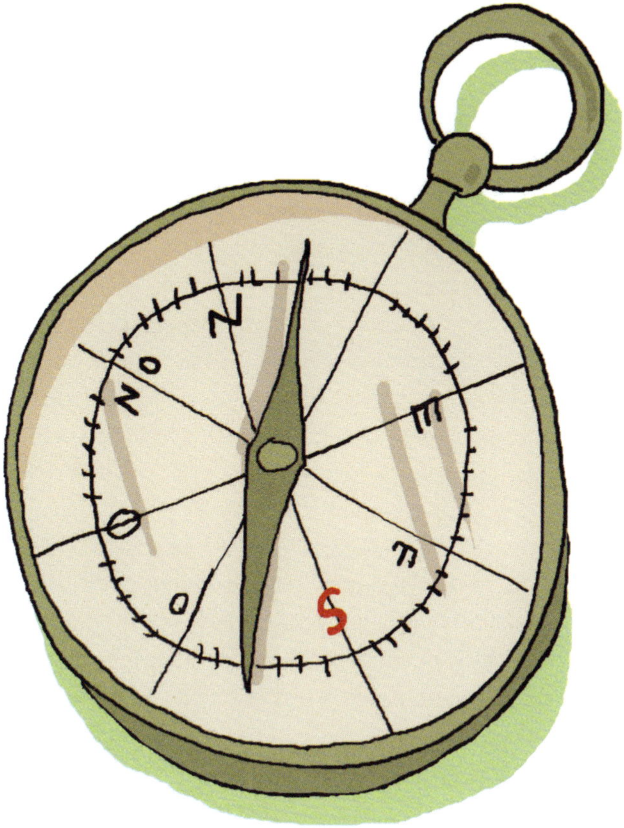

Petits rappels pour paresseuses

- Le soleil se lève à l'est, puis tourne au sud et enfin se couche à l'ouest.
- Gardez en mémoire que l'est apporte dynamisme et créativité, l'ouest son lot de remises en question, le nord du carré et encore du carré, et enfin le sud l'ouverture.

Mais où est donc le sud ?

Pour changer, cherchez plutôt le sud. Soyez-y attentive : il est très important pour votre image, vos relations avec l'extérieur. Alors, dans quelle pièce donne-t-il ? Dans votre chambre ? Le salon ? La cuisine ? Les toilettes ? Sachez que le sud apporte une vibration d'ouverture importante à sa pièce. Il vaut donc mieux qu'il donne dans le salon ou la chambre que la buanderie. Bien, maintenant que vous avez placé le sud, vous devriez savoir où sont le nord, l'est et l'ouest... normalement !

La phrase du jour « L'orientation de ma maison n'est pas uniquement le fait du hasard. »

L'ouest empoisonné

C'est vrai, si votre maison est baignée par les seules vibrations de l'ouest. Sachez vous y préparer car il y a du chamboulement à venir dans votre vie. Ce qui est bien, c'est que vous êtes prévenue. De même, observez dans quelle case se trouve l'ouest dans votre sudoku amélioré, il vous indiquera où se situeront vos plus gros problèmes à venir : amour, argent, travail... Heureusement, vous êtes au courant et pourrez alors y remédier.

Reprendre son sudoku fengshuisé

L'idée est donc de reprendre votre fameux sudoku fengshuisé et de placer chacune des orientations, y compris les soleils intermédiaires, dessus. Vous devez donc vous retrouver avec huit orientations (les quatre principales + nord-est, nord-ouest, sud-est, sud-ouest), qui, eh oui, c'est magique ! correspondent aux huit cases de votre « bagua », la neuvième case étant au centre. En identifiant la place de chaque orientation, vous pouvez comprendre pourquoi c'est mou à tel endroit et dynamique à tel autre.
Plus compliqué, vous pouvez maintenant vous amuser à croiser la pièce avec son orientation et sa zone feng shui ! Pas facile, n'est-ce pas ? Exemple : votre chambre donne dans la zone amour ; à l'ouest ou à l'est, ça n'aura rien à voir. À l'ouest, ça déménage sec. Petit conseil, acceptez de bouger, ça sera encore mieux après ! À l'est, votre couple va évoluer de manière géniale et super-dynamique. Sachez que c'est loin de n'être que du hasard, alors à vous de jouer, vous n'avez qu'une vie !

Ciel ! ma chambre donne plein nord

Le nord, vous l'aurez compris, ne voit jamais le soleil. Pas de fantaisie, de la rigueur, rien que de la rigueur. Si c'est votre chambre qui s'y trouve, ce maudit soleil risque de refroidir vos ardeurs et celles de votre jules... (Pas de panique, vous trouverez des astuces plus loin.) Si c'est votre bureau, ce n'est pas top si vous avez un boulot créatif, mais pas trop grave si vous passez la journée dans les chiffres. Couplé à l'est, vous verrez un peu de mouvement ; à l'ouest, vous serez obligée de vous poser sérieusement. En bref, le nord est vraiment l'opposé du sud. Non, c'est pas possible ?!
Mais si votre appart' est orienté plein nord, soyez tout de même un peu rassurée, par trop de soleil, on se brûle...

Soleil du matin, soleil du soir, que me caches-tu ?

Quant à l'est et l'ouest, ils sont évidemment contraires et les deux sont nécessaires. Vous ne pouvez pas vivre à 100 à l'heure 24 heures sur 24 (n'oubliez pas que vous êtes une paresseuse), vous avez aussi besoin de vous poser pour vous détendre et réfléchir. Alors à l'inverse de l'est qui va vous booster selon la pièce où il se trouve dans votre maison, l'ouest va vous permettre de vous détendre et vous donner un peu de répit. Ce n'est pas si mal quand même.

Avant/Après feng shui

Mais où est donc le sud ? Dressez une table d'orientation de votre maison.

L'équilibre idéal

Bien sûr, plus vous aurez d'orientations différentes dans votre maison et moins vous ressentirez l'effet de l'une ou de l'autre. Ça crée un équilibre. L'idéal, c'est d'ouvrir sa maison sur les quatre côtés. Alors pourquoi ne pas prendre votre marteau et casser ce mur qui vous ennuie pour faire une nouvelle fenêtre, à l'est ou au sud ? En voilà une bonne idée, et ce sont vos voisins qui vont être contents !

chapitre

8

TROUVER LES CINQ ÉLÉMENTS

Le bois, le métal, l'eau, la terre et le feu : ces cinq éléments se retrouvent dans tous les matériaux de votre maison, et régissent chacune de vos fameuses zones feng shui. À manier avec précaution pour ne pas créer de courts-circuits énergétiques irréparables ou sources de tellement de petits problèmes quotidiens.

Évitez de croiser les négatifs

Information importante : certains éléments ne s'apprécient pas. L'eau va éteindre le feu, le métal va trancher le bois, le feu fait fondre le métal... Vous l'aurez compris, il y a des associations néfastes entre les éléments qu'il vaut mieux respecter : eau et bois, feu et terre, terre et métal et métal et eau, OK, et tout le reste, au panier !

Avis aux créateurs, optez pour le bois

Enfants, créatifs au grand cœur, ils sont tous concernés, le bois est leur matière. Il leur donnera le goût de la liberté, du renouveau et de la création. D'où son côté hyper positif pour nos bambins. N'hésitez donc plus à mettre parquet ou objets et meubles en bois dans leurs chambres, ils vous en seront éternellement reconnaissants. Idem pour votre chéri si c'est un grand peintre en devenir. Mais gardez les pieds sur terre parce que le bois peut vous emmener loin, parfois très loin, de la terre ferme. Il est donc à déconseiller à toutes celles qui planent déjà ! Ou alors prévoyez quelques cordes d'amarrage ici et là histoire de rester à l'écoute de ce qui se passe. Et puis sachez que les zones argent et santé de votre sudoku fengshuisé adorent le bois ; ne vous limitez pas.

La phrase du jour « Certaines associations d'éléments sont néfastes, je les respecte, je les évite. »

Dans la cuisine

Vous connaissez l'expression « ne pas mettre d'huile sur le feu » ? Eh bien ici c'est un peu pareil, mais avec l'eau. Comme la cuisine est un espace fortement relié à la santé et qu'il existe des éléments qui ne s'aiment pas du tout, prenez garde à ne surtout pas y mélanger l'eau et le feu. Veillez soigneusement à ne pas mettre l'évier à côté des plaques chauffantes par exemple, sous peine de déclencher des conflits dans les zones concernées.

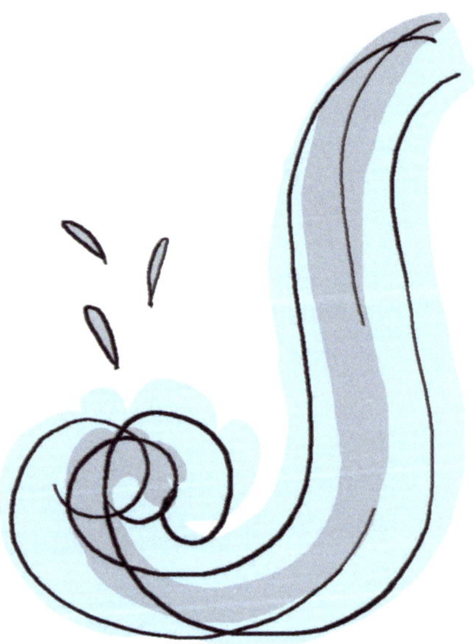

Rigide et organisée comme le métal

On change de registre et on s'adresse à celles qui affectionnent les affaires, les comptables, celles qui aiment gérer. C'est sûr, c'est moins sexy, mais il faut de tout pour faire un monde. N'en abusez tout de même pas au risque d'empêcher tout mouvement et changement ; restez économe du métal. D'autant plus que vous en avez déjà plein chez vous sans le vouloir : vos machines adorées, les accessoires de votre salle de bains, etc. Quant aux zones de votre vie concernées, ce sont plutôt la zone projets et la zone aide extérieure qui apprécient, mais, petit conseil en passant, évitez même dans ces endroits. Le métal reste froid, pas très accueillant, ce n'est pas top pour l'ambiance.

Noyez vos émotions

Ah ! l'eau, quel élément ! D'abord, il régit toutes vos émotions, alors évitez d'en abuser au risque de pleurer comme une madeleine au moindre incident. Mais c'est aussi du calme en perspective, donc avis aux dépressives... C'est comme tout, sachez doser et trouver le bon équilibre ! Comment apporter de l'eau chez vous ? Des fontaines, du bleu, un aquarium... Où ? C'est votre zone carrière qui l'affectionne particulièrement, endroit idéal pour élever vos poissons rouges.

Allô la terre ?

La terre... Même si vous n'en voulez pas, vous n'y échapperez pas. Carrelages, sols, pierres, pots, tout cela apporte l'élément terre chez vous. Si vous planez à mille lieues, il est temps de mettre des plantes et des fleurs partout : la terre a l'avantage de vous y ramener illico. C'est un peu le contraire du bois... L'amour et la connaissance affectionnent la terre, c'est donc dans ces zones que vous pourrez faire du jardinage. Enfin, la terre, c'est le calme et le ressourcement. Intéressant dans une zone amour, non ?

Allumez le feu !

Enfin le feu... Vous pensez à ceux de l'amour ? Mais non, le feu ne régit pas cette zone, étonnamment ; c'est plutôt votre zone image qui l'adore. C'est logique finalement, si l'on se réfère à l'expression « briller de mille feux », mais vous verrez ça plus tard. Comment apporter le feu chez vous ? Une cheminée, des bougies, tout ce qui peut s'embraser est du feu en puissance. Et puis n'oubliez pas les couleurs du feu, un antidépresseur féroce et utile pour vous donner des super-pouvoirs et devenir invincible sans aucun complexe. Prête à aborder Apollon ? À consommer avec modération, bien sûr (le feu, pas Apollon !).

Avant/Après feng shui

Reprenez le schéma de votre maison et complétez-le en y notant les éléments dominants de chaque pièce.

On résume

- **Le bois :** changement, créativité, ouverture / trop de bois : instabilité.
- **Le métal :** ordre, gestion, rigueur / trop de métal : manque de sociabilité et de créativité.
- **L'eau :** émotion, souplesse, calme / trop d'eau : mélancolie et repli sur soi.
- **La terre :** sécurité, stabilité, prudence / trop de terre : lenteur, ennui.
- **Le feu :** dynamisme, sensualité, force / trop de feu : dispersion, stress.

chapitre

9

LE B.A.-BA DU FENG SHUI : LA CIRCULATION DE L'ÉNERGIE

Les plus assidues et les plus au courant (mais si, il y en a !) savent que cette énergie, le fameux « chi », est la base de tout. Ce chapitre s'adresse donc plutôt à vous, mesdames les moins ordonnées, pour qui il est essentiel de comprendre comment le « chi » fonctionne, comment lui permettre une libre et totale circulation dans votre foyer, comment placer vos meubles… pour accéder à l'harmonie et au bien-être.

De bas en haut

Les escaliers sont un vrai cas particulier. Leur position dans l'entrée (c'est généralement là qu'on les trouve) est très importante. Si votre escalier est perpendiculaire à l'entrée, tout va bien. Mais prudence si votre escalier se trouve juste en face de l'entrée… L'énergie va s'engouffrer à l'étage et bouder votre rez-de-chaussée, et, évidemment, il vaut mieux éviter. Vous pouvez donc placer des petits mobiles qui ralentiront sa montée, ou bien une plante sur la première marche de l'escalier.

C'est quoi ce « chi » ?

C'est un peu comme vos toiles d'araignée invisible… vous vous rappelez ? Ou alors comme la ligne centrale dans l'avion, censée s'allumer en cas de problème. Imaginez une ligne invisible qui entre par vos portes (ouvertes ou non) et sort par les fenêtres (ouvertes ou non), et qui circule entre les fenêtres, les portes… comme une vague de lignes énergétiques invisibles se faufilant partout. Il vaut donc mieux savoir comment cela fonctionne – et ainsi éviter de se mettre en plein dedans, au risque d'attraper de gros maux de tête… – et sortir vos lunettes infrarouges pour démarrer votre « mission impossible » (Tom Cruise viendra peut-être vous aider, qui sait ?), relever le défi et permettre à toutes ces lignes de circuler comme il faut !

La phrase du jour « Pour un équilibre sans faille, laissez circuler l'énergie invisible du "chi". »

Les flèches de cha

La flèche de cha, c'est comme une grande ligne toute droite, et il faut absolument éviter que cette ligne aille directement du portail à la maison ou dans un couloir qui mène à une pièce de chez vous. Cette flèche dirige une énergie très rapide et trop forte et ça peut générer des buzz… et de l'électricité dans l'air, en bref des disputes et de l'agressivité. Mais, bien sûr, vous pouvez y remédier en ralentissant sa course : mobiles ou suspensions de lumière au plafond, tapis au sol (pas rectilignes évidemment !), petits meubles, etc., tout ce qui peut créer des obstacles. À l'extérieur, c'est pareil, plantez et/ou rendez la surface du sol moins plane.

Invisibles et pourtant…

Ces lignes d'énergie sont donc invisibles. Eh non, ce ne sont pas des histoires à dormir debout, c'est tout ce qu'il y a de plus scientifique. On peut même les mesurer avec des appareils. Comme votre aura, vous savez, l'énergie qui circule autour de vous. Mais ne nous éloignons pas de notre sujet : l'énergie qui circule chez vous. Ses bienfaits au quotidien se feront réellement sentir si vous respectez quelques règles.

Placer son lit pour un sommeil sans souci

Le plus important, en ce temps où l'insomnie frappe beaucoup d'entre nous, c'est votre sommeil. Alors voici une clé pour retrouver les bras de Morphée plus vite ! Puisque le « chi » entre par la porte pour sortir par la fenêtre, tout en circulant de fenêtre en fenêtre, vous devez éviter de placer votre lit sur son tracé. Ne pas respecter ce principe risque d'entraîner stress et fatigue, tout le contraire de ce que vous recherchez au moment de vous mettre au lit. Et puis une mauvaise position de votre lit n'arrangera en rien vos câlins avec votre amoureux, alors ça vaut le coup d'y réfléchir ! Placer le lit juste derrière la porte est à éviter également, même si ce n'est pas évident pour celles qui habitent un studio de 20 m^2… Enfin, faites en sorte qu'il y ait un mur derrière votre lit et gardez de l'espace en face. Tout cela pour un sommeil calme et réparateur et des étreintes sans nuages !

Halte aux idées reçues

Contrairement aux idées reçues, un appartement zen, dépouillé, n'est pas plus feng shui qu'un espace bien rempli. Le plus important est de rester fidèle à votre propre univers en jouant avec le « chi » tout en gardant votre style.

Viser le zéro stress

Vu le temps passé au bureau, il est aussi important que la chambre. Et vous ressemblez à un taureau qui souffle et surchauffe tellement vous êtes stressée et fatiguée quand vous y êtes. Alors action ! La porte d'entrée est juste devant vous et une belle fenêtre juste derrière ? Ne cherchez plus, c'est normal d'être épuisée ! Dans cette position, bravo si vous arrivez à vous concentrer et à travailler sans stress, parce qu'*a priori*, c'est franchement impossible. Ça risque d'être un peu plus difficile que chez vous de changer les choses, mais accrochez-vous et allez donc faire les yeux doux à votre patron.

Avant/Après feng shui

À vos crayons ! Dessinez un plan de votre « chi ».

chapitre

10

LIVRER BATAILLE AUX MAUVAISES ÉNERGIES

Nous sommes d'accord, il est important de garder un certain recul sur le feng shui. Pourtant, il existe des objets rédhibitoires et franchement négatifs, qui n'apportent à votre foyer qu'énergie et symboliques particulières dont il faut se débarrasser.

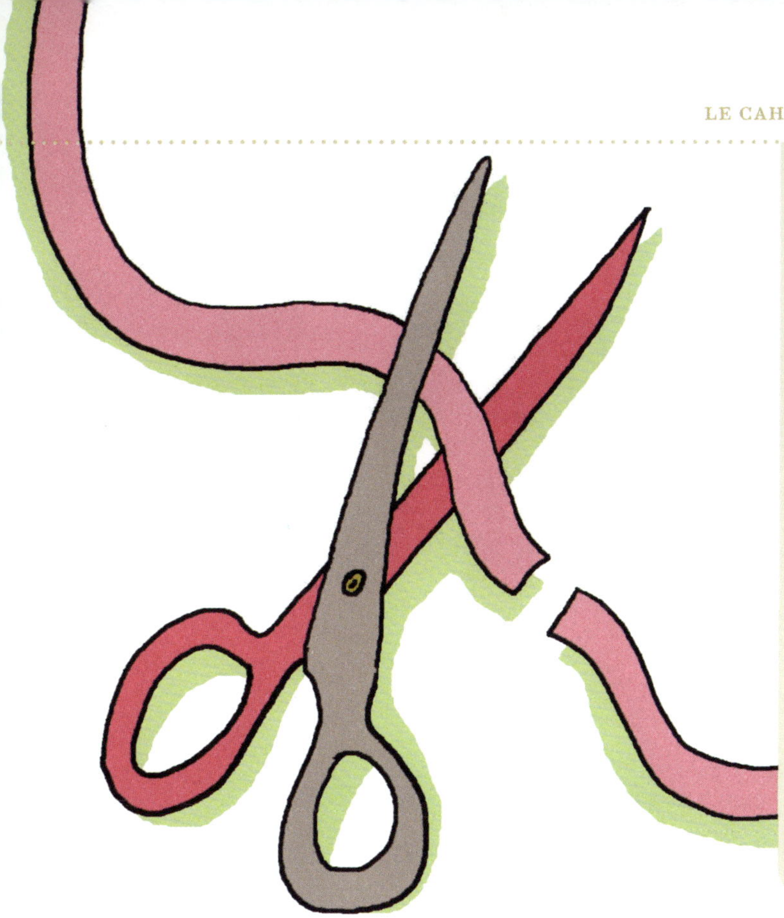

Préférez le vivant au mort

C'est une évidence, on est d'accord. Vous devez à tout prix éviter la symbolique de la mort, quelle qu'elle soit. Les animaux empaillés ? Uniquement si vous chassez, et encore… Les fleurs séchées ? L'horreur en feng shui, c'est la fin assurée à l'endroit où elles se trouvent. Et puis c'est tellement plus joli, un beau bouquet de fleurs fraîches.

On range tout ce qui coupe

Certes, les endroits où les couteaux servent de décor sont rares, mais quand même. Quelques grands cuisiniers arborent avec fierté leur panoplie de couteaux : celui-ci pour émincer ceci, celui-là pour trancher cela… C'est devenu très tendance et le couteau est passé d'ustensile culinaire à objet déco : design, coloré… Le problème, c'est qu'un couteau amène du coupant dans la zone où il se trouve ; dans la cuisine, ça passe encore, mais dans la zone amour ou projets, c'est pas top. Alors rangez donc vos couteaux, ciseaux, etc. dans les tiroirs de la cuisine. Et si vous n'êtes pas convaincue, paresseuse mécréante, tentez l'expérience avant-après !

La phrase du jour « Ça coupe, ça pique, c'est dangereux, c'est négatif, c'est mort, j'évite ! »

Pas de fleurs coupantes

Il n'y a pas que les cactus à bannir, mais toutes les plantes pointues ou piquantes. Au lieu de dynamiser une zone de votre foyer, c'est l'effet inverse qui en ressortira. Et ce n'est pas ça que vous souhaitez, n'est-ce pas ? Préférez les plantes à feuilles rondes, grasses, plantureuses, généreuses. Les bambous sont l'exception : ils ne sont pas si ronds, mais ils sont très positifs, notamment dans les zones carrière et argent...

On se débarrasse de ses cactus

Vous connaissez la maxime « qui s'y frotte s'y pique » ! C'est vrai que c'est chouette, un beau et grand cactus, et puis, ça aussi, c'est très tendance. Mais... ça pique. Et devinez où on les trouve normalement ? Dans les régions arides, les grands espaces désertiques. Donc, si on fait l'équation, cactus = solitude. On continue ? Les cactus appauvrissent la zone dans laquelle ils se trouvent, et repoussent même les visiteurs si vous les avez mis dans votre entrée, ou dans votre zone aide extérieure. Ainsi, si vous ne faites rien, n'espérez pas attirer le jules que vous convoitez.

On arrête sa collection d'armes

Est-il vraiment nécessaire de vous rappeler ce qu'une telle collection (qui peut englober les poignards, les revolvers...) indique ? Eh oui, la violence. Alors il serait peut-être temps de troquer sa collection d'armes pour une collection de bouteilles de parfum ou de grenouilles en porcelaine. Ce qui est certain, c'est que c'est moins dangereux !

On en termine avec le sacrifice

Vous pouvez tout à fait avoir des tas d'objets religieux, jolis et colorés, parce que c'est votre style, et tout et tout. Mais par pitié, arrêtez de mettre des croix partout au-dessus des portes comme pouvaient le faire vos grands-mères. Cette symbolique de sacrifice – plutôt négative, on est d'accord – apparaît encore une fois dans chaque endroit, chaque zone, où la croix sera posée. Vous imaginez les lieux où il y en a à chaque pas de porte ?! Et votre pauvre mère qui passe son temps à se sacrifier sans que plus personne ne s'en rende compte... Pour celles qui ne l'auraient pas encore compris, il est important d'apporter des symboliques po-si-tives. Alors arrêtez de vous sacrifier – inconsciemment – et vive la liberté vite retrouvée !

Avant/Après feng shui

Dressez ici la liste de tous les objets que vous avez rangés au placard.

chapitre

11

OPTER POUR UNE COULEUR QUI VOUS RESSEMBLE

La couleur, c'est la vie !
Votre choix de couleurs ne doit pas être anodin ;
il est temps d'arrêter de choisir une couleur
uniquement parce qu'elle est jolie
et qu'elle vous plaît – même si ça reste
la raison principale, évidemment.
Les couleurs véhiculent des énergies
qui influent sur votre vie.

La bonne vibe *pour* the best harmony

Interro surprise ! Quel est le maître-mot du feng shui, qui régit tout votre intérieur ? L'énergie bien sûr ! Et les couleurs aussi dégagent de l'énergie, elles émettent des vibrations sensibles et exercent une influence profonde et décisive sur votre comportement et votre humeur. Vos sens en éveil ressentent cette énergie. L'idée dans le feng shui, c'est d'aller au-delà de vos simples goûts et d'utiliser la couleur qui va vous aider à atteindre vos objectifs. Vos étreintes avec Apollon (encore lui !), par exemple, seront plus épanouies dans du rouge que dans du noir. Quant à Bébé, il sera mieux dans du rose que dans du marron chocolat !

Yin ou yang ?

De même que pour vous, il existe des espaces et des couleurs yin et des espaces et des couleurs yang. Il faut alors se concentrer sur la recherche de l'équilibre et adapter vos choix en fonction des pièces.

- Les couleurs yang : le blanc, le jaune, l'orange, le rouge ou le rose.
- Les couleurs yin : le marron, le gris, le vert, le bleu ou le noir.

Mais attention, la tonalité et la texture aussi sont importantes : une peinture brillante sera plus yin qu'une peinture rugueuse plus yang...

Ainsi, selon la pièce et l'activité que vous voulez y apporter, ces choix doivent être pris en compte. Et puis n'oubliez pas que vous pouvez avoir des accessoires yang dans un espace général yin et inversement. Les personnes douées en déco le font de manière innée, pour les autres, suivez le guide !

La phrase du jour

« Il est temps de regarder les couleurs autrement... »

Petit rappel pour les plus paresseuses

Les espaces yang sont des lieux de vie actifs comme la salle à manger, le salon ou la cuisine… alors que les espaces yin sont les espaces dédiés au calme et au sommeil et donc les salles de bains et les chambres.

Changer, communiquer, transformer, dynamiser !

- Vous voulez tout changer ? Le **orange** est votre couleur. D'ailleurs, celles qui veulent réellement tout transformer se tournent en général vers cette couleur sans le savoir. Si c'est votre cas, avant de déclencher le tsunami, réduisez l'usage de cette couleur et ne l'utilisez que par petites touches… elle est très efficace.
- Le **jaune** est idéal pour communiquer, apporter de la convivialité.
- Le **rouge**, évidemment, couleur des toreros, est LA couleur pour dynamiser les amours (chouette !) et aussi les affaires (re-chouette !). Donc mollo avec le rouge, ne repeignez pas toute votre chambre ou vous risquez de réduire votre temps de sommeil (pas grave ?). Des petites touches suffiront pour pimenter quelques soirées. C'est aussi une super couleur de « réception ». Couplé avec du jaune orangé, vous rendrez le dynamique chaleureux.

Le vert

Le vert est une couleur un peu à part. Elle a beau être yin, c'est une couleur très dynamique et très tonique. Très positive pour la santé, les soussous, la transformation… C'est donc une couleur à utiliser sans limites (notamment grâce aux plantes vertes qui apportent leur énergie) et à coupler avec d'autres. Le mélange rose indien/vert est par exemple super pour la chambre que vous partagez avec votre nouvel amoureux (le vert est aussi la couleur du renouveau !).

Planer…

• Pour les plus rêveuses : les **parme**, **mauve** et **violet** vous aideront à déconnecter, mais pas trop quand même. À éviter pour les ados déjà hors circuit ! En couleurs de base pour un intérieur mais à relever par d'autres tons (rouge, jaune…). Utilisées seules, elles vous empêcheront de vivre dans la vraie vie !

• Le **bleu** est une couleur intéressante pour réfléchir, aller dans les profondeurs de son être. Utilisé seul, c'est le repli sur vous qui vous attend. À évitez pour les enfants s'il n'y a pas du yang à côté pour le booster sinon ils risquent d'avoir du mal à communiquer.

…ou plomber !

Et puis vous avez toujours la solution de plomber l'ambiance avec du **gris**, du **noir**, du **marron**… Là, vous pouvez être sûre que vous allez déprimer rapidement. Ou peut-être que vous avez tout repeint dans ces couleurs justement parce que vous étiez déjà déprimée ? Aïe ! Bon, ce n'est pas grave, vous avez les moyens d'agir maintenant. Courez chez le marchand de couleurs et revenez avec du **blanc**. Grâce à cette couleur de base, vous pourrez vous permettre toutes les fantaisies de tonalités dans les meubles, tissus et objets, une autre manière d'apporter de la couleur.

Aimer…

Ah, l'amour ! Que faire sans ? Le ROSE INDIEN vous ira si vous êtes un peu passionnée, le PÊCHE si vous êtes tendre. Ce sont les couleurs de base idéales. Et puis il y a toujours le ROUGE pour les plus acharnées. Évitez le mélange bleu et blanc ou vous finirez par faire chambre à part. Vous m'en direz des nouvelles !

Avant/Après feng shui

Quelles couleurs avez-vous changées – ou souhaitez-vous changer – chez vous ?

chapitre

12

MERCI EDISON !

La question n'est pas de savoir ce que nous ferions sans lumière, mais surtout de quelle lumière nous avons besoin. Nous avons toutes en horreur les néons de l'hôpital – normal ! – et préférons nos petits tête-à-tête aux lueurs de belles bougies – logique ! Eh oui, parce que la lumière aussi envoie son flot d'énergie. Alors, apprenez tout simplement à savoir laquelle est la meilleure en fonction des moments de votre journée.

Guirlandes, guirlandes !

Les guirlandes lumineuses, là encore, sacrée mode. C'est comme les bougies, tout existe et vous êtes obligée de trouver ce que vous cherchez. Ces guirlandes vont activement participer à créer des points de lumière pour parfaire l'ambiance dont vous avez envie et besoin. Elles permettent de dynamiser tous vos fameux coins feng shui dans votre sudoku et votre bagua, en fonction de leur forme et de leur couleur. Ambiance Mille et Une Nuits assurée dans votre salon ou votre chambre, les deux espaces de détente privilégiés de votre maison.

Faire son petit diagnostic

D'abord, ça ressemble à quoi chez vous ? C'est une grotte qui ne voit jamais le soleil ? Un appartement au 12e étage d'une tour avec de grandes baies vitrées ? Forcément, vous ne partez pas toutes à égalité... Sachez cependant que beaucoup de lumière, c'est bien, mais c'est très yang et ça laisse peu de place aux bienfaits de la détente et du massage qu'Apollon est en train de vous faire. Une lumière bien étudiée apportera la touche d'énergie et d'esthétisme indispensable pour parfaire votre intérieur et en faire un lieu à votre image, votre énergie, vos besoins et vos envies.

La phrase du jour « Choisir la bonne lumière au bon endroit fera toute la différence. »

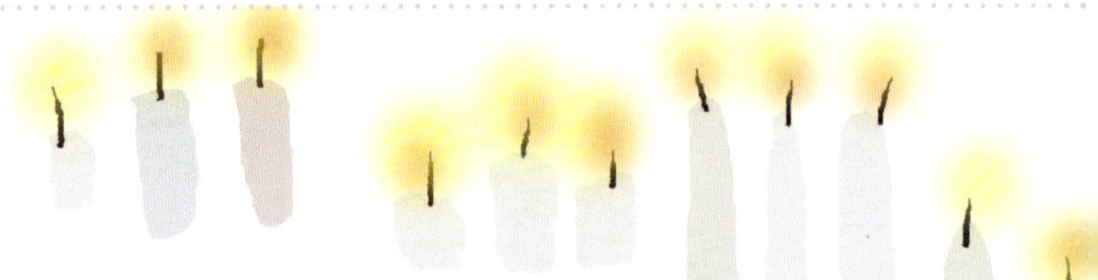

Les espaces sans lumière

Petite note spéciale pour vos espaces qui ne voient pas la lumière du jour, comme la salle de bains, le dressing... Vous devez essayer d'apporter de la lumière à ces espaces, et la plus importante possible. Ces espaces sont dans une zone bien précise de votre bagua et cette pénombre les « plombe » ! D'où la nécessité d'apporter de la lumière artificielle pour réduire les dégâts. Imaginez que votre dressing se trouve dans votre zone amour et qu'il soit constamment dans le noir. Vos relations en pâtiront forcément. La lumière s'impose donc, vivante, directe et colorée.

Opter pour une lumière active

Une lumière active, kézaco ? Dans les pièces où *a priori* vous vous activez (celle où vous pratiquez le rameur à la sueur de votre front, le bureau où vous travaillez, la salle à manger, la cuisine où vous préparez de bons petits plats), les pièces yang, vous avez besoin d'une lumière qui va renforcer cette activité débordante. Ces pièces méritent plutôt des éclairages qui viennent du plafond, directs. Les suspensions « qui éclairent vers le bas », les fameuses lumières au-dessus du plan de travail ou de la table, sont donc parfaites. Elles vous aideront à affiner votre esprit d'organisation et de gestion. Plutôt intéressant quand on doit préparer un dîner pour 12 personnes ou bien rédiger un rapport de 50 pages pour son patron en 30 minutes chrono !

Planante... et légère

Et puis il y a les espaces qui méritent de laisser le flou, d'être illuminés de manière indirecte et dispersée pour vous permettre de vous relaxer... Ça y est, vous êtes dans votre salon, pelotonnée sous un plaid en pilou ? Ou bien dans la salle de bains, prête à plonger dans un bon bain bien chaud ? L'entrée aussi est importante. Elle a un vrai besoin d'être éclairée, mais pas comme vos fourneaux ! Il faut être plus suggestive et placer des points de lumière ici et là pour créer l'ambiance favorable à d'interminables échanges avec vos copines ou votre jules. Ces lumières dispersées peuvent être accompagnées de suspensions dirigées vers le plafond, donc moins directes. Et puis il y a les chambres évidemment. La lumière et sa couleur sont primordiales pour préparer le sommeil ou une loooongue nuit d'amour. Donc, là encore, lampes de chevet et lustres vers le haut recommandés. Pas de spots dirigés sur le lit, vous l'aurez compris !

Faire une orgie de bougies

Ah, les bougies ! De toutes les formes, unies, bariolées, blanches, rouges, dorées, bleues, parfumées à la rose, au pain au chocolat... il y en a pour tous les goûts. Vous ne pouvez que trouver votre bonheur. C'est une vraie tendance, et on ne s'en plaint pas, elle a du bon ! Vous le savez maintenant, les bougies purifient par le feu. Et rien que pour ça, c'est positif dans votre vie. Elles accueillent les amis, détendent l'atmosphère... Alors allez-y franchement et n'ayez pas peur que votre maison ressemble à une église.

Avant/Après feng shui

Dressez le bilan des zones d'ombre et de lumière de votre foyer, en notant si elles sont positives ou négatives.

chapitre

13

LES MURS ONT DES OREILLES

Vous êtes-vous déjà demandé pourquoi vous aviez décoré votre appart' de cette manière ? Pourquoi vous aviez placé ce tableau ici et pas là ? Pourquoi vous aviez accroché votre portrait ici et celui de grand-mamie là ? Il est temps de le savoir, car rien n'est dû au hasard !

La bonne orientation des photos

Les photos sont des éléments importants pour dynamiser votre maison. Pour bien faire, préférez placer les photos de vos amis, amoureux, enfants plutôt sur des murs est et nord, qui leur apporteront dynamisme et créativité tout en les gardant ancrés sur terre. Évitez le sud qui aura tendance à les déconnecter de la réalité, et l'ouest pouvant les plomber et contribuer à couper des liens avec vous (réservez ce traitement à votre fausse copine jalouse !).

Votre chère petite maison est bien vivante

Oui, cela peut surprendre, pourtant votre maison est bien vivante, elle vit avec vous et vous êtes connectée à elle grâce aux toiles d'araignées virtuelles (vous vous rappelez ?) qui sont toujours là. Tout n'est qu'énergie (vous commencez à comprendre) ; votre maison aussi a son énergie, comme chaque objet ou meuble que vous avez. Alors imaginez chaque symbolique que vous pouvez utiliser çà et là dans des zones bien particulières, elles sont riches de signification…

La phrase du jour « N'affichez pas au mur ce que vous vivez mais ce que vous souhaitez vivre. »

LES CADRES PSYCHOMAGIQUES

Voici une petite recette magique. En fait, il s'agit simplement de recréer le bagua et ses zones avec un cadre à 9 cases dans lesquelles vous pourrez mettre 9 photos ou cartes postales identifiant chacune des zones du sudoku feng shui. Ce cadre dit « psychomagique » vous permettra de dynamiser toutes les zones. Ne vous posez pas de limites ; le point de départ sera toujours ce que vous désirez. Alors laissez courir votre imagination et vos rêves, qui restent toujours accessibles (si je vous le dis...) !

Apprenez à lire sur vos murs

Posez-vous (en bonne paresseuse, vous savez faire !) et regardez autour de vous. Vous avez placé la photo d'Apollon dans les toilettes ? Il est vraiment temps d'arrêter de décorer votre intérieur sans avoir conscience de ce que vous faites ! Ce n'est pas comme ça que vous allez l'attirer chez vous. En fait, il faut placer les symboliques adaptées à ce que vous souhaitez dans chacune de vos zones feng shui. Donc Apollon, il vaut mieux le mettre dans la zone projets de votre chambre par exemple. L'autre jour, on vous a offert de faux lingots qui font super vrai ? Une aubaine... pour votre zone argent dans le salon, par exemple. Vous avez compris le principe ? Alors il va falloir retirer tout ce qui ne correspond pas du tout à vos désirs du moment, genre la statuette d'une femme plus que rondelette dans votre zone projets alors que vous essayez de faire un régime ! Affiches, peintures, sculptures, peu importe tant que la symbolique est en adéquation parfaite avec l'objectif souhaité. Et si vous ne savez pas ce que vous voulez, creusez-vous les méninges et prenez votre vie en main !

Évitez le désert et mettez vos envies et projets au mur !

Un peu de bon sens, pardi ! Une photo de désert a beau être magnifique, elle apporte la symbolique du... désert, de la solitude. Vous voulez rester seule ? OK, laissez-le. Sinon, eh bien retirez-le. Prenez les mandalas énergétiques par exemple, c'est joli, coloré et en plus, bingo, ça apporte une énergie spéciale en fonction du dessin, ce qui permet de dynamiser une zone. Bon, on aime ou on n'aime pas. Et les stickers, si nombreux... Faciles à choisir, faciles à installer. Fini les éternelles soirées entre copines, place aux nuits endiablées et coquines avec votre amoureux !

Habillez vos pièces

Maintenant que vous maîtrisez les couleurs, laissez parler votre fantaisie naturelle et jouez avec elles dans vos accessoires : rideaux, tapis, coussins et objets divers… Que les murs n'échappent pas non plus à vos mains désormais expertes en optant pour les couleurs appropriées ou en habillant vos murs blancs d'objets qui apportent la couleur et… une symbolique (comme les mandalas). Les photos peuvent aussi être un bon support : endroits que vous avez aimés et où vous voulez aller en zone aide extérieure pour amener le voyage ; personnes dans la zone concernée : famille, enfants, amour… C'est facile et ça peut rapporter gros !

Avant/Après feng shui

Notez ici les objets dont la symbolique ne correspondait pas du tout à la zone dans laquelle ils étaient placés et que vous avez donc retirés (si vous avez retenu la leçon).

Puis notez ceux que vous avez ajoutés.

chapitre

14

ÇA SENT BON LA ROSE !

Les odeurs et les senteurs peuvent créer l'ambiance idéale pour se décontracter, se donner corps et âme... Mais elles peuvent aussi générer de vrais malaises, faire que l'on se sent moins bien. Et puis, n'oubliez pas qu'il s'agit ici de feng shui, donc il est bien sûr question d'énergie ! Voici comment user de l'énergie des senteurs à bon escient.

Essence, essence, quand tu nous tiens

Les huiles essentielles sont en plein boom, et pour cause. Nous cherchons à être bien, tout simplement, et ces produits auront mille bienfaits sur votre vie : vous libérer de vos pensées négatives, activer vos chakras et ceux de votre foyer, stimuler votre créativité ou votre intuition ou encore retrouver joie, amour et paix intérieure. Sacré programme, alors au travail !

Mode d'emploi pour paresseuses débutantes

• **Dans le bain** : vous pouvez mélanger l'huile essentielle adaptée (voir plus loin) à votre bain moussant (ne mettez jamais l'huile directement sur votre peau au risque de provoquer des allergies). Profitez alors des bienfaits de ce bain d'aromathérapie à n'importe quelle heure de la journée.

La phrase du jour « Quelques gouttes d'huiles essentielles pour le meilleur, en profondeur. »

Pour dynamiser ou se détendre !

Pour tonifier votre maison le matin, rien ne vaut le citron. Le basilic (attention, c'est très fort), lui, vous aidera à la purifier. L'encens est préférable le soir car il détend – en particulier l'encens indien et la lavande, toujours –, ou encore l'ylang-ylang si vous souhaitez une atmosphère plus envoûtante ! Laissez aller votre intuition après quelques utilisations.

• **Pour les plus savantes, il y a le massage** : vous pouvez vous masser les chakras concernés, les pieds (réflexologie) ou encore le trajet des méridiens (shiatsu). Par exemple, vous pouvez masser le chakra du cœur quand vous avez eu un petit chagrin d'amour (ça arrive...) avec l'huile adéquate et trouver ainsi un peu de réconfort ; ou encore « soigner votre communication » et la développer si vous avez du mal à dire que vous existez (et à vous faire respecter !) en massant le chakra de la gorge... Tout est possible !

• Les huiles qui sont bonnes pour vous directement le sont évidemment aussi pour votre maison. Selon l'heure de la journée, vos désirs, besoins et objectifs, vous pouvez trouver la meilleure huile à **diffuser**.

Amusez-vous à faire vos propres mélanges, c'est plus sympa que de les acheter tout faits !

Choisir « l'essentiel » en fonction de ses envies

La première chose à faire est de trouver un bon diffuseur d'huiles essentielles, meilleur que ceux qui chauffent à partir d'une bougie. Il en existe toute une tripotée.

• **Contre le stress** (eh oui, on peut être paresseuse et stressée) : la lavande (le must, elle apaisera vos chagrins et vous apportera la paix intérieure ; c'est la seule qui peut s'utiliser pure en massage pour vous et vos bambins), la marjolaine, la bergamote (pour retrouver une grande joie), la camomille (pour plus de paix), la mandarine (pour accepter les changements dans votre vie).

• **Pour booster vos nuits avec Apollon** : quelques huiles aux pouvoirs aphrodisiaques... le bois de rose (pour enlever votre armure plus facilement !), le jasmin, l'ylang-ylang (mmmh, ça sent super bon...), le gingembre. Vos qualités de chimiste ressurgissent ?

• **Moins drôle, contre la dépression** : préférez l'orange, toujours la lavande, le géranium, ou encore le pamplemousse (il diminue la résistance donc réduit la dépression). Massez la personne dépressive ou imprégnez votre maison de ces odeurs, ça pourra aider.

Avant/Après feng shui

Pense-bête : inscrivez ici les mélanges que vous effectuez.

Premiers secours

Les huiles essentielles peuvent être utiles en premiers secours en cas de problème.

- En cas de brûlure ou coup de soleil : optez pour la lavande.
- Si vous êtes sujette à des démangeaisons : mélangez de l'eucalyptus et de la lavande.
- Si vous êtes écorchée : ajoutez du tea-tree à la lavande (un antiseptique australien).
- Contre la fièvre : le géranium et le gingembre font très bon ménage (massage ou bain).
- Quant aux maux de tête pour les migraineuses : investissez dans des litres de lavande et de menthe poivrée et massez cou et nuque.
- Enfin pour les petits rhumes : un mélange d'eucalyptus et de gingembre en bain ou massage devrait vous aider à retrouver une forme d'enfer !

Ayez toujours quelques flacons à portée de main. Et puis n'oubliez pas un flacon d'huile d'amande douce pour effectuer ces mélanges : 3-4 gouttes pour les massages ; 5-10 dans le bain, pas plus. En diffusion dans la maison, ces essences feront aussi effet sur votre mal.

chapitre

15

MIROIR, MON BEAU MIROIR…

Le miroir est l'accessoire le plus important en feng shui. Mais c'est aussi le plus troublant, le plus dangereux, le plus intéressant… bref, un élément incontournable qu'il faut savoir utiliser au risque d'entraîner l'effet inverse de ce qui est recherché. Ça serait dommage ! Miroir sorcière, miroir soleil, coloré, rond, carré, décoré, uni… tout est possible, mais tout dépend où !

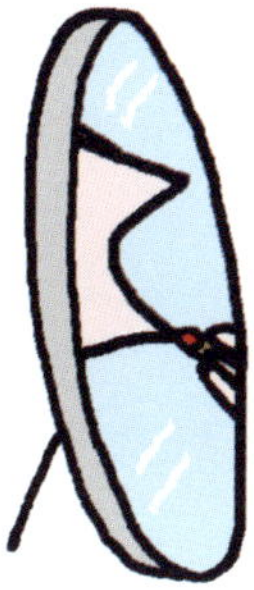

Ton miroir sorcière tu trouveras pour garder tes amis

Mais qu'est-ce que ce miroir sorcière (qui peut d'ailleurs aussi être un miroir soleil si le cadre a des branches en forme de rayons) ? Un peu magique évidemment, par sa forme, il absorbe les énergies qui entrent dans votre maison et dans chacune de vos pièces au lieu de les renvoyer comme un miroir classique. Ce miroir peut donc être placé en face de votre porte d'entrée (ou de n'importe quelle porte), il ne repoussera pas les énergies (positives bien entendu), ni vos amis et pas non plus Apollon !

Dans la chambre tu éviteras

Bien sûr, le miroir reflète tout ce qu'il voit. Dans une chambre, il va refléter l'énergie et générer en retour beaucoup trop d'énergie, contraire à un bon sommeil. Il vous apportera certes plus de dynamisme, ce qui peut parfois être nécessaire quand la personne qui partage votre lit est un peu éteinte (est-ce possible ?). Vous pouvez alors avoir un miroir d'appoint, que vous sortez selon vos envies et votre peps ! Mais il vaut tout de même mieux éviter, surtout si ce sont d'énormes miroirs sur de gigantesques placards. Un bon sommeil est essentiel, parole de paresseuse !

La phrase du jour « Mal placé, un miroir peut vous créer bien des ennuis... Alors veillez à ne pas multiplier vos soucis ! »

Petit mode d'emploi du miroir classique

Rappelez-vous la règle du « chi » pour comprendre comment utiliser le miroir. Rappelez-vous la ligne invisible qui entre chez vous, traverse la maison et ressort par les fenêtres. Rappelez-vous que cette ligne représente l'énergie. Donc, si votre souhait le plus cher est de devenir ermite, ne plus recevoir personne, etc., oui, placez un miroir en face de votre porte d'entrée. Il renverra l'énergie qui entre (et vos amis avec) là d'où elle venait. En revanche, si vous préférez continuer à voir vos copines et recevoir Apollon sereinement, retirez le miroir, ou placez-le sur le côté.

Pour multiplier, le miroir tu utiliseras

Puisque le miroir reflète, il double, triple... tout ce qu'il voit. Alors méfiance sur ce que vous placez en face de lui. Par exemple, vous pouvez le mettre dans une zone feng shui et lui faire refléter une symbolique (positive évidemment) dans une autre zone, qui prendra ainsi beaucoup d'ampleur. Attention à ne pas faire l'inverse, genre le miroir qui ne reflète rien (oui, oui, ça arrive souvent, et dans les zones amour ou argent). Et dire qu'il y en a après qui s'étonnent qu'il ne se passe justement rien ! Ça peut être aussi un moyen de recréer une zone inexistante en dirigeant le miroir sur votre manque et en y plaçant la symbolique de votre choix ! Vous suivez ?

Dans les toilettes et la salle de bains, le miroir tu laisseras

Vous êtes maintenant une pro du feng shui et savez que l'énergie de ces pièces n'est pas la meilleure ! Alors le principe du miroir placé sur le mur en face qui renvoie l'énergie dehors s'impose ici. Et puis ce n'est pas bien compliqué à mettre en place, et très pratique. Mais attention, pas un miroir sorcière, un vrai miroir !

Avant/Après feng shui

Combien de miroirs avez-vous chez vous ?

Où sont-ils placés ? Quelle symbolique reflètent-ils ?

On résume

Les miroirs sont un accessoire partenaire de l'action en général, et des pièces yang où ils dynamisent et boostent l'énergie : salon, salle à manger, cuisine, entrée (sorcière uniquement, ou en latéral par rapport à la porte), bureau... Ils sont à éviter dans les pièces où le yin doit demeurer, à savoir les chambres (sauf besoin urgent !). Les exceptions sont les toilettes et la salle de bains, pièces yin, où les miroirs sont utiles pour limiter la casse et la perte de bonne énergie.

chapitre

16

PEAUFINER L'AMÉNAGEMENT DE SON INTÉRIEUR

Le feng shui, c'est aussi l'aménagement de votre intérieur et le choix de tous les accessoires que vous pourrez utiliser afin de le dynamiser pour qu'il soit source de bien-être absolu.

Info de paresseuse

Les chiffres impairs, associés à l'énergie yang, dynamisent davantage que les chiffres pairs, associés à l'énergie yin, qui permettent de stabiliser.

Rythmer son intérieur avec des mobiles

Si l'on vous parle de mobiles, vous pensez certainement à celui que vous avez accroché au-dessus du lit de Bébé (qui est par ailleurs une catastrophe en feng shui car il excite votre p'tit bambin plutôt que de l'endormir...), mais il en existe tout un tas pour dynamiser votre intérieur et votre vie. Qui dit « mobile » dit, par définition, « mouvement », donc mouvement de l'énergie, de votre quotidien.

Quels mobiles ? Tous ! Une création maison avec des cartes postales véhiculant la symbolique adéquate dans la zone feng shui *ad hoc*. Deux petites guirlandes en forme de cœur qui s'entrelacent à placer dans la zone amour de votre chambre (ça vous donne des idées ?!). Trois guirlandes de trois couleurs différentes pour l'abondance (par exemple du rouge, de l'orange et du vert, qui sont trois couleurs hyper positives, si vous n'avez rien contre elles, bien sûr).

La phrase du jour « Dorlotez votre intérieur pour plus de douceur et de bien-être au quotidien. »

La magie des cristaux

Les cristaux à facettes, et même les guirlandes de cristal ou les boules à facettes, sont extraordinaires... L'idée de ces objets est d'attirer la lumière et de la renvoyer sous forme de tout un tas de paillettes lumineuses. C'est magique ! Sans recréer une boîte de nuit chez vous, profiter de ces éclats lumineux va embellir votre maison et lui apporter une énergie très positive. Particulièrement utile sur des murs ouest, qui manquent d'énergie...

Envelopper sa maison des plus beaux atours !

Tissus, coussins, rideaux ou encore tapis... ne vous limitez pas ! Non seulement ils apportent du yin, donc de la douceur et de la chaleur à votre maison – évidemment, si vous persistez à tout choisir en gris, marron ou noir, on ne peut plus rien faire pour vous... –, mais en plus ils peuvent la dynamiser par leurs formes, couleurs, motifs, textures. Et si votre intérieur est plutôt blanc, ces accessoires apporteront la fantaisie nécessaire pour un équilibre indispensable. Et puis n'oubliez pas les lampes : de forme arrondie pour une bonne énergie vitale (évitez les pointues, qui provoquent un « chi » négatif), au sol pour un air de fête, halogènes pour intensifier les zones affaiblies en « chi »...

Sortir les photos des tiroirs et afficher les lettres en grand

Les photos, en plus de leurs diverses symboliques, sont une manière facile de faire venir vos désirs dans votre maison : photos de votre jules, de vos enfants, ou bien encore de l'idéal que vous recherchez, toujours dans la zone concernée par ces désirs.

Et puis il y a une mode en ce moment, ce sont les lettres utilisées en déco, à peindre, en stickers et même en bougies : grâce à elles, vous pouvez carrément écrire le mot qui correspond à votre désir dans sa zone feng shui. Ça ne pourra pas être plus clair !

Objet de passion

Veillez à conserver des symboliques allant par deux dans votre zone amour (deux bougies, par exemple) pour apporter une stabilité à votre couple et ne pas encourager l'infidélité avec des symboliques en nombre impair...

Se mettre au vert et à l'eau

Vous n'avez peut-être pas la main verte et trouvez que les fontaines ne vont pas dans votre intérieur, il n'empêche que ces accessoires sont formidables en feng shui.
Les plantes apportent une énergie bien vivante, notamment grâce au vert de leurs feuilles, donc dynamisent les zones dans lesquelles elles seront placées. Dans la zone amour, deux est un bon chiffre, de préférence semblables (à moins qu'à trois, ça vous tente...), et plutôt en nombre impair dans les autres zones. Et bien sûr, choisissez des plantes à bouts ronds et bien grasses, et surtout pas des plantes pointues et piquantes.
Les aquariums et les fontaines seront plus appropriés dans les zones argent ou carrière. La fortune n'est plus très loin, chouette !
Mais attention, chère paresseuse, veillez à les nettoyer et à faire fonctionner les fontaines, au risque d'entraîner l'effet inverse !

Avant/Après feng shui

Inscrivez ici les mots correspondant à vos désirs et que vous pourriez accrocher en grand sur vos murs.

chapitre

17

BRILLER, RAYONNER !

Maintenant que vous avez compris les grands principes du feng shui, nous pouvons attaquer l'étude précise des zones, ici votre zone réputation, soit l'image que vous renvoyez aux autres, celle qui vous rend reconnaissable, enviée, remarquée, jalousée… Bonne ou mauvaise, elle aura une incidence directe sur toutes les autres. Alors sortez strass et paillettes, vous devez briller !

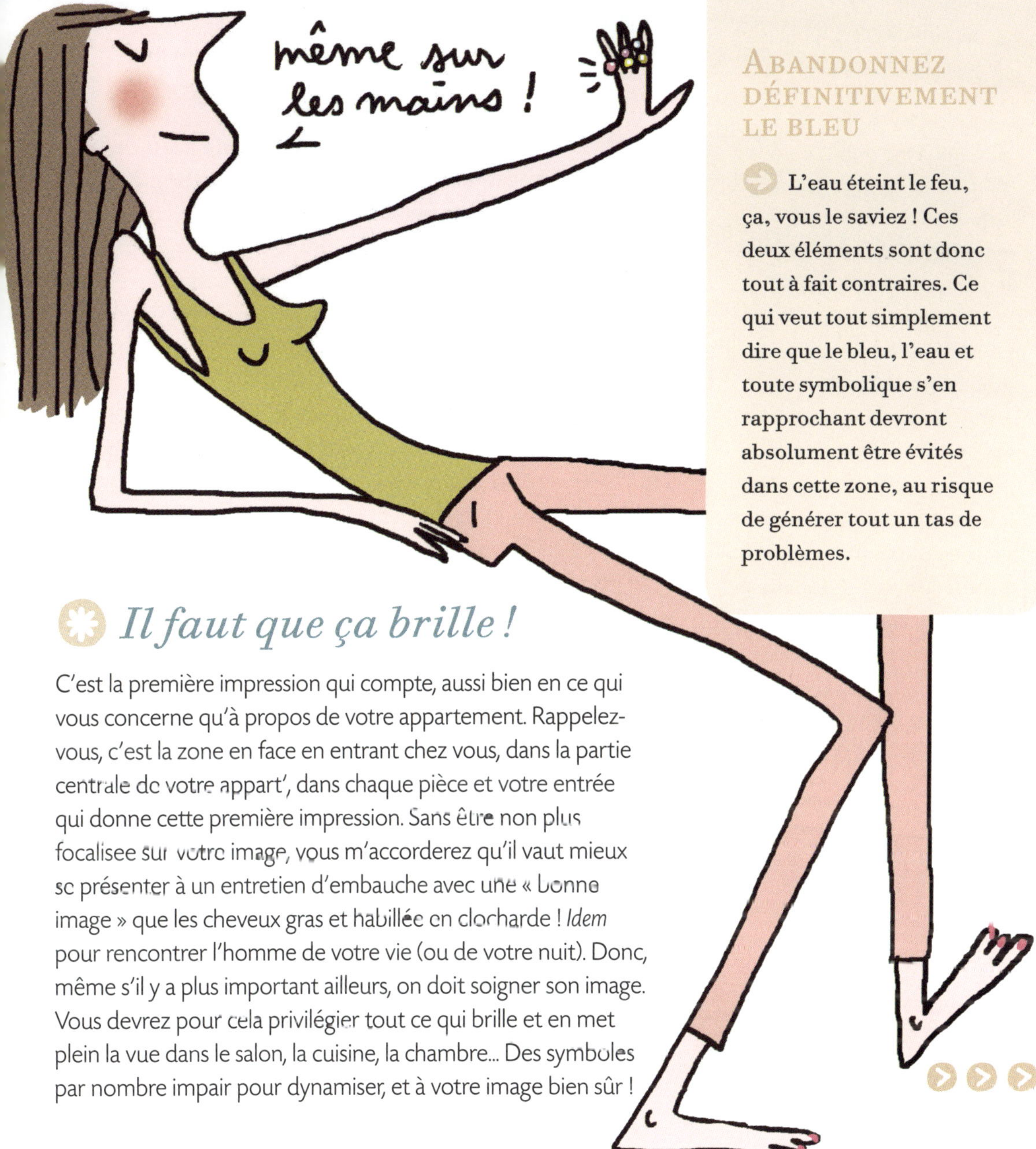

ABANDONNEZ DÉFINITIVEMENT LE BLEU

L'eau éteint le feu, ça, vous le saviez ! Ces deux éléments sont donc tout à fait contraires. Ce qui veut tout simplement dire que le bleu, l'eau et toute symbolique s'en rapprochant devront absolument être évités dans cette zone, au risque de générer tout un tas de problèmes.

Il faut que ça brille !

C'est la première impression qui compte, aussi bien en ce qui vous concerne qu'à propos de votre appartement. Rappelez-vous, c'est la zone en face en entrant chez vous, dans la partie centrale de votre appart', dans chaque pièce et votre entrée qui donne cette première impression. Sans être non plus focalisée sur votre image, vous m'accorderez qu'il vaut mieux se présenter à un entretien d'embauche avec une « bonne image » que les cheveux gras et habillée en clocharde ! *Idem* pour rencontrer l'homme de votre vie (ou de votre nuit). Donc, même s'il y a plus important ailleurs, on doit soigner son image. Vous devrez pour cela privilégier tout ce qui brille et en met plein la vue dans le salon, la cuisine, la chambre... Des symboles par nombre impair pour dynamiser, et à votre image bien sûr !

La phrase du jour « La zone de la réputation est celle de votre réussite sociale, de votre réputation, de tout ce qui permet votre notoriété. D'elle dépendent les gratifications, les honneurs et l'abondance que vous pourrez recevoir. »

Une mauvaise réputation et…

Une mauvaise réputation décelée au sein de votre maison va entraîner tout un tas de sentiments malheureux. Jalousie pour les plus faibles (pas trop grave et finalement assez fréquent puisque vous avez un job en or et retrouvez le soir votre Apollon), critiques pouvant aller jusqu'à la calomnie (un peu plus embêtant), voire le procès (ça devient carrément problématique). Alors il n'est pas trop tard pour déplacer cette énorme fontaine qui trône au milieu de votre salon !

Tout feu, tout flamme

Zone régie par le feu, toute symbolique du feu est la bienvenue. Cheminée, évidemment, dans le salon et plaques de cuisson dans la cuisine sont les éléments idéaux à placer en zone réputation. Des bougies, évidemment aussi, s'y intègrent parfaitement et déploient toute leur énergie positive. Cependant, veillez à ne pas mettre n'importe quelle pièce dans cette zone. Explication. Si c'est votre chambre, votre couple sera mis en avant, alors que si c'est celle des bambins ou d'ados en mal de croissance, ils deviendront vite invivables car très capricieux. Mieux vaut alors les changer de chambre, ou bien simplement la réserver aux timides qui deviendront plus courageux et téméraires ! Si par malheur cette zone est occupée par les toilettes ou une salle de bains, reprenez l'astuce du miroir à poser en face en entrant pour limiter la casse.

Évidemment, n'oubliez pas de dynamiser toutes les zones réputation de chacune des pièces…

Des couleurs, toujours des couleurs

Les couleurs yang sont sans aucun doute les meilleures dans ces zones, à travers les rideaux, tissus, objets… : jaune orangé, rouge, rose indien, par exemple. Et ne lésinez pas sur la lumière, dans votre entrée et dans chacune des pièces ; les économies d'énergie, d'accord, mais pas dans ces zones, parce que ce sont elles qui éclairent toutes les autres.

Qui veut voir mes diplômes ?

Comme c'est la zone qui vous met en avant, elle recevra avec plaisir tous vos beaux diplômes (après votre grand ménage de printemps, vous les retrouverez facilement), en particulier la zone réputation située dans votre bureau, si vous y recevez du monde !

Avant/Après feng shui

Faites un petit schéma des zones réputation de votre maison.

chapitre

18

METTRE LE MONDE À SES PIEDS (SI, SI, C'EST POSSIBLE !)

Face à la zone réputation, logique, se trouve la zone carrière. Un vrai lien les unit. Eh oui, comment faire carrière si votre image est mauvaise ? En clair, cette zone feng shui vous donne la force d'avancer comme bon vous semble pour faire des étincelles au boulot et partout ailleurs. Le mot « carrière » peut paraître un brin réducteur puisque l'on touche ici à votre grand pouvoir intérieur !

Petit rappel géographique

Cette zone se situe dans la partie centrale du mur comprenant la porte d'entrée ou de votre maison. Il s'agit toujours du côté où se trouve la porte.

Du lourd

Comment dynamiser cette zone pour trouver ou retrouver votre grand « pouvoir intérieur » ? Avec du lourd, au sens propre comme au sens figuré, du musclé, du fort, du costaud, en objet ou en représentation. C'est votre force au quotidien qui est visée ici, alors évitez d'y placer votre collection de poupées anciennes ou vos verres en cristal – mais oui, force peut rimer avec finesse, mais en feng shui, c'est pas le top.

Une chambre placée à cet endroit donnera beaucoup d'impulsion positive à la personne qui y dort ! Par exemple, si c'est la chambre de votre enfant un peu mollasson, cela lui redonnera confiance en lui. Et si par hasard la zone donne plein ouest, n'hésitez pas à doubler, voire tripler, le poids de la zone pour contrebalancer les effets du soleil (si vous voulez garder le contrôle !).

La phrase du jour

« Du lourd pour retrouver pouvoir et force intérieure... »

La place idéale pour l'armoire de grand-mamie

Bibliothèque super-imposante, armoire de l'arrière-grand-mère, etc., ne cherchez plus, la zone carrière est leur endroit de prédilection.

Partir en safari… en restant chez soi

En voilà une bonne nouvelle pour une paresseuse ! Partir en voyage en restant dans son canapé ! Eh oui, les éléphants sont une excellente source d'encouragement pour la zone carrière, et c'est le moment de commencer une collection de ces petites bestioles. *Idem* pour les grands espaces et les montagnes ; ces paysages renforceront votre foi intérieure. Vous voulez une idée déco ? Une affiche représentant de magnifiques éléphants sur fond de Kilimandjaro. Bon, vous n'aimez peut-être pas les éléphants. Libre à vous de préférer les rhinos ou les hippos, ça marche aussi ! L'important est de comprendre le principe.

Ailleurs, le « lourd » aura évidemment tendance à plomber la zone (dommage !). C'est donc le moment de déménager vos armoires et de libérer de la place !

Le grand bleu

Qui dit eau, dit… bleu ! Elle était facile celle-là. Le bleu est la couleur appropriée à la concrétisation de vos projets professionnels et à privilégier sur les murs « carrière ». Ça peut être des petits poissons qui nagent peints dans la chambre des enfants. Dans la chambre conjugale, rien ne vous empêche d'écrire des mots doux et bleus sur le mur, ou bien d'accrocher des rideaux de cette même couleur.

Que l'eau coule à flots

L'eau est l'élément de la zone carrière. Ne lésinez donc pas sur les aquariums pleins de poissons multicolores – que vous preniez soin, bien sûr, de nettoyer régulièrement – et sur les fontaines glougloutantes – que vous n'oubliez pas de mettre en marche. Quant à la déco des murs, pensez par exemple à la mer, aux bateaux. Mais prenez garde à vos choix tout de même : un océan déchaîné et un lagon calme ne représentent pas la même chose et n'ont pas les mêmes effets sur votre vie.

Un peu de verdure

Comme d'habitude, maintenant que vous avez pris un abonnement chez un fleuriste, faites des plantations ou décorez avec du vert. Des plantes vertes en nombre impair pour booster votre carrière, ou bien des fleurs multicolores qui vous donneront l'entrain adapté à chaque pièce.

Avant/Après feng shui

Boostez vos murs et testez le changement en temps réel !

chapitre

19

GLING, GLING ! LE TRÉSOR N'EST PLUS TRÈS LOIN !

La zone argent est de très loin celle qui intéresse la majorité d'entre vous. Je me trompe ? Vous trouverez donc ici les meilleurs conseils pour accroître votre capital ou simplement tenter de remplir les caisses, sans trop vous fatiguer, cela va sans dire !

Petit rappel géographique

Si vous avez bien retenu la leçon, vous devriez trouver votre zone argent dans le coin gauche en face, quand vous êtes dos à la porte d'entrée. Ça marche ? Et bien sûr, chaque pièce a sa zone argent, en plus de la zone argent « générale » de la maison.

Amasser un trésor

Pour amasser un trésor, la pièce représentant la zone argent « générale » est, comme toujours, très importante. Il s'agit de la salle de bains, pire, des toilettes ? Mauvais point : vos sous s'engouffrent dans les égouts. Votre chambre ? Pas génial non plus : l'argent risque d'être votre préoccupation principale. La cuisine ? Ah, c'est plus intéressant ! C'est une pièce d'abondance (de nourriture), surtout si votre frigo et vos placards sont bien remplis. En bref, les pièces liées à votre activité quotidienne en général. Ce petit inventaire vous permet de vous rendre compte du niveau d'énergie, positive ou négative, planant sur vos sous.

En ce qui concerne l'orientation, la seule pouvant causer des problèmes de découverts est l'ouest. Mais pas de panique, les solutions concrètes, sonnantes et trébuchantes arrivent !

La phrase du jour « Préférez des symboliques en nombre impair si vous souhaitez développer votre capital abondance. »

Une fuite, et alors ?

Restez à l'affût de tout problème dans cette zone : une fuite d'eau, des plantes qui meurent… ce sont des indices que quelque chose est en train de se passer ou que cela ne va pas tarder. C'est encore mieux que d'interroger votre boule de cristal. Gardez vos sens en éveil et remédiez immédiatement au problème, vous éviterez peut-être une catastrophe. Par ailleurs, laisser en l'état est le signe que vous n'avez pas envie que les choses changent.

Illuminer de mille feux

La première dynamisation possible rapidement est d'illuminer la zone. Évitez au maximum de laisser ces zones dans l'ombre, surtout si elles ne baignent pas naturellement dans la lumière. Lampes, spots, halogènes, tout est bon. Cette lumière, vous pouvez aussi l'apporter de manière symbolique avec des objets ou des images : une fontaine d'euros, des lettres sur le mur qui appellent les sous. À vous de laisser aller votre créativité.

Planter à profusion

Vous l'avez compris, les plantes vertes sont vos meilleures amies en feng shui, et elles le sont plus encore dans cette zone. Si vous ne devez avoir qu'un seul coin de verdure dans votre foyer, c'est bien ici. Vous n'êtes pas obligée non plus de choisir des plantes gigantesques en pensant que ça sera d'autant plus bénéfique. À votre échelle et en nombre impair, ça sera parfait. La plante idéale ? Le crassula (votre fleuriste saura !). Celle qu'il faut éviter à tout prix ? Le bonsaï ! Il ne grandit jamais, alors bonjour la symbolique. Enfin, n'oubliez pas la règle de base : préférez les plantes rondes, douces, grasses.

Astuce de paresseuse

Avant de booster une zone particulière, prenez le temps d'enlever tout ce qui cloche, tout ce qui pourrait aller à l'encontre de vos projets, par exemple les fleurs séchées et tous les vases vides.

Un coin de lagon rien que pour vous

Plus encore que la zone carrière, la zone argent est celle de l'eau. Fontaines, aquariums, réels, virtuels, tout ce qui a été dit dans le chapitre précédent est valable ici, et même davantage donc. Si vraiment vous êtes trop paresseuse pour nettoyer un aquarium ou une fontaine régulièrement, allez donc demander au resto chinois du coin d'où vient la magnifique cascade factice qu'il a accrochée au mur (tendez l'oreille et vous entendrez l'eau qui tombe !), on ne vous jugera pas mal pour autant.

AVANT/APRÈS FENG SHUI

Dressez la liste de tous les éléments de votre maison dont la symbolique se rapporte à l'argent. Où sont-ils placés ?

chapitre

20

ET PLUS SI AFFINITÉS…

Il est à présent temps de vous intéresser à vos relations (non, ce n'est pas encore l'heure d'Apollon, patience !), celles que vous entretenez avec le monde extérieur : les voyages, les déplacements, les amis, les copines, votre patron…

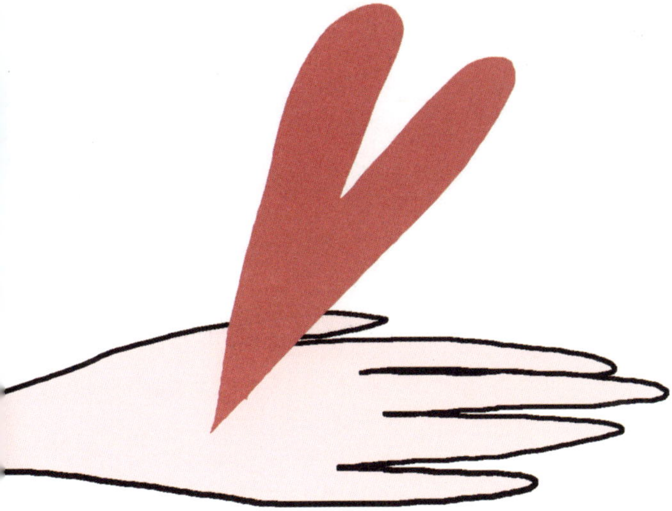

Petit rappel géographique

Lorsque vous vous trouvez à la porte de votre appart' ou d'une pièce, la zone « amicale » que nous allons étudier est dans le coin tout de suite à droite, en diagonale directe avec la zone précédente, la zone argent.

Donner pour recevoir, ou l'inverse

La zone aide extérieure fait face et fonctionne avec la zone argent… je donne, je reçois, je reçois, je donne… C'est encore du bon sens, comme la plupart des règles du feng shui. C'est vrai que la paresseuse qui ne donnera jamais aura du mal à recevoir, et ce qui est amusant, c'est que vous retrouverez probablement cette tendance dans les zones concernées et ce qui s'y trouve ! Difficile de tromper son monde, vous allez devenir experte dans la découverte de ce qui cloche autour de vous. Restez discrète ou plus personne ne voudra vous voir !

La phrase du jour « Programmez vos envies de voyages dans cette zone et partez à coup sûr ! »

Le pouvoir des cartes de visite

Faute d'amis, ou si vous avez des objectifs professionnels très importants, ce sont les cartes de visite de vos relations du moment que vous pouvez accrocher dans votre fameuse zone (en rentrant... coin à droite de la pièce). Dans ce cas-là, un bureau évidemment s'y prête à merveille ! Projets en cours ou relations permanentes privilégiées, c'est l'endroit idéal pour les accrocher à vous inconsciemment (pour eux bien sûr !). Excellents résultats garantis, surtout si vous visez des contrats et d'innombrables signatures. Alors bonne chance à la femme d'affaires que vous êtes !

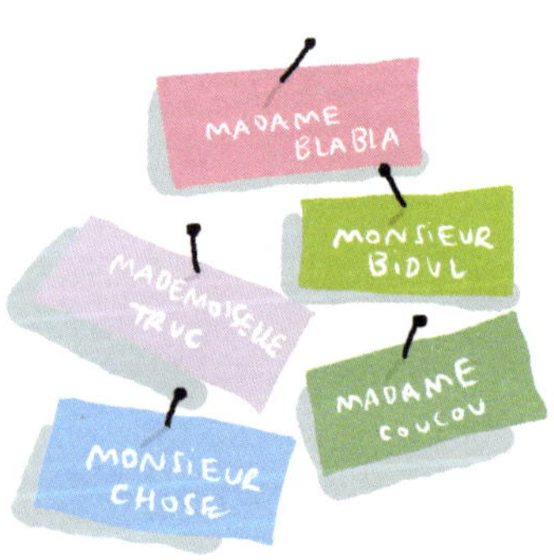

Brancher les prises

Par ailleurs, rappelez-vous, il y a la zone générale aide extérieure, et il sera rigolo de voir ce qu'elle nous cache : entrée de la maison, salle de bains, chambre de votre idylle ou de votre rejeton infernal. Pour être synthétique, cette place est propice à ceux qui se débrouillent tout seuls parce que si leur espace s'y trouve, ce sont eux qui se retrouvent dans le rôle de l'aide extérieure pour les autres. Donc préférable pour votre enfant le plus autonome, et pas génial pour un couple. Eh oui, ça risque de mettre un peu de pression à votre amourette ou relation plus durable, il faut avoir de bons nerfs et savoir résister... Les tendres câlins ou étreintes passionnées risquent d'être plus réduits. Un petit conseil, squattez votre cuisine à la place, surtout si elle est en zone amour ! Et puis cette place sera idéale pour une chambre d'amis ! Ils seront à leur place de prédilection. Pour les zones aide extérieure de chacune des pièces, les téléphones et autres appareils de communication resteront les bienvenus.

Programmer 1 001 voyages dans un coin de paradis

Vous avez envie de vous évader, de partir au bout du monde ? Ne soyez pas économe sur vos envies : cartes postales, mappemonde si vous n'avez pas d'idée précise, affiches, photos... tout est bon. Une île déserte paradisiaque (où vous vous retrouverez à deux pour tester les derniers massages aux huiles extraordinaires...), un périple en 4x4 dans le désert africain ou en Australie, un voyage plus familial ? Tout est toujours possible ! Alors faute de 3D, affichez vos envies grandeur nature et des surprises vous tomberont dessus plus vite que vous ne le pensez ! Quelques plantes vertes en nombre impair seront toujours utiles pour parfaire le processus.

Épingler ses amis

Oui, vous pouvez inviter tous vos amis chez vous ! C'est très agréable. Mais attention, l'idée est de les inviter tout le temps. Pas de panique, chère paresseuse, cette invitation permanente ne vous demandera presque pas d'effort, le principe étant d'afficher vos amis sur des pêle-mêle que vous placerez dans cette zone. Ah, ouf ! Ainsi, et sans qu'ils s'en aperçoivent, vos amis se retrouvent dans une position d'aide, pour vous, et vous êtes sûre de pouvoir compter sur eux !

Et au bureau ?

Et justement, votre bureau, où se trouve-t-il ? Si vous manquez de bol, il se trouve dans la zone aide extérieure, et là, attendez-vous à bosser, vraiment beaucoup. Eh non, ce n'est pas le destin rêvée de la paresseuse. Alors déployez charme et trésors d'ingéniosité auprès de votre patron pour déménager et y installer votre meilleure ennemie !

Avant/Après feng shui

Vous souhaitez changer de bureau ? Écrivez ici le petit speech que vous servirez à votre patron pour lui expliquer, subtilement, que c'est parce que vous êtes une super-paresseuse !

chapitre

21

L'ART DE MIEUX SE CONNAÎTRE

Il est important de bien se connaître pour évaluer au mieux son potentiel, ses possibilités et savoir ce que l'on souhaite vraiment. Pas toujours évident... La zone connaissance, c'est cela avant tout, mais aussi la connaissance que l'on a du monde extérieur : vos études (ou celles de vos enfants), vos apprentissages divers, votre bagage intellectuel, bref, votre instruction en général.

Petit rappel géographique

Cette fois-ci, lorsque vous vous trouvez à la porte de chez vous, c'est dans le coin tout de suite à gauche, sur le même mur que la porte.

Veillez à la bonne diagonale dans votre sudoku feng shui

Les choses se dessinent petit à petit et vous remarquez que les huit zones fonctionnent entre elles : argent/aide extérieure ; réputation/carrière ; amour/connaissance et famille/projets.

La diagonale intéressante ici est celle qui lie l'amour et la connaissance. Eh oui, dans ce domaine, ce sont vos neurones qui importent. Ce n'est pas la zone la plus sexy, mais Apollon sans cervelle, une nuit, pourquoi pas, toute la vie, certainement pas !

La phrase du jour

« L'endroit parfait pour méditer en toute simplicité ! »

Energisez vos études

Si vous, ou vos petits, faites de grandes études, vous pouvez toujours tenter de placer à cet endroit des objets, livres de cours, dictionnaires... bref, tout ce qui peut aider à les développer et les consolider ! Un projet professionnel qui demande aussi du temps et de la recherche peut être mis en avant dans cette zone, il sera dynamisé à point...

Étaler ses livres au grand jour

Comme d'habitude, faites la chasse aux mauvaises énergies : objets négatifs, plantes pointues, dressing sombre, toilettes... Si cette zone est mal habitée, portez votre attention sur les zones connaissance partout dans la maison et aménagez-les au mieux. Et si vous avez une belle et grande bibliothèque, c'est le moment de l'installer – si elle est petite et pas très belle, ça marche aussi. Parce que souvent, vos bibliothèques portent vos livres. Et qui dit livres, dit... connaissance !

Le lieu idéal pour les « poubelles »

Rappel important : ce n'est pas la zone la plus importante, et c'est celle qui aura le moins d'incidence finalement sur votre vie. Ainsi, les cabanons (pour celles qui ont la chance d'avoir un jardin), parce qu'elles regorgent d'objets coupants, y auront leur place. Dans la salle de bains, ça sera plutôt le panier à linge sale. Dans la cuisine, la poubelle. Il faut bien placer ces objets quelque part. Si vous préférez mettre vos chaussettes sales en zone amour, après tout, ça vous regarde !

Intérieur, intérieur !

Si vous ne faites pas de grandes études, votre zone connaissance est aussi le meilleur endroit pour enrichir votre intérieur et développer l'apprentissage, quel qu'il soit. Alors remplissez votre bibliothèque de livres de choix et osez plonger dans tout ce qui vous attire et vous appelle de l'intérieur !

Dresser un autel

Plus fun que d'y placer la poubelle, vous pouvez aussi y disposer un autel et prier les divinités de votre choix. Et pourquoi pas ? (Pour répondre à celles qui chuchotent « N'importe quoi ! ») Dorés, brillants, rouges, noirs, toutes les formes et toutes les couleurs de bouddhas sont disponibles dans les magasins. C'est vrai, c'est souvent tout à fait kitsch, mais ça décore, et vous apportez la symbolique du personnage dans votre intérieur : pensez à Ganesh (vous savez, la divinité indienne à tête d'éléphant) qui supprime tous les obstacles, ou bien aux anges. Que du positif !

Avant/Après feng shui

Interro surprise : tracez les diagonales représentant les différentes zones feng shui.

chapitre

22

ON SE FAIT UN PETIT CAPRICE… À DEUX ?

Votre voisine déprime à force d'être célibataire, votre meilleure copine passe son temps à sortir, assaillie de demandes… Et vous, où en êtes-vous ? Avec le feng shui, même l'impossible devient possible, si vous dynamisez juste comme il faut votre zone amour. Leçon simple en cinq points…

Petit rappel géographique

Lorsque vous êtes sur le pas de votre porte, la zone amour se trouve dans le coin en face à droite.

Penser deux, toujours deux

Le ménage à trois ? Non, vraiment, ce n'est pas votre truc. Vous comprenez donc que le symbole du deux est primordial, dans votre chambre évidemment, mais également dans toutes les zones amour de votre foyer : 2 bougies rouges, 2 pierres de quartz rose, 2 cœurs, 2 coussins sur le lit, 2 personnes (un couple)...

Ça vous tente, un petit montage photos avec George ? (Clooney, bien sûr)

Bannissez les photos de votre fiston adoré, celles de votre famille ou encore de vous toute seule – oui, même si vous êtes fabuleuse sur celle-ci. Il ne s'agit pas de vous mettre vous en valeur, mais votre couple, ou celui dont vous rêvez. C'est donc plutôt l'endroit idéal pour mettre des photos de vous et Apollon (ou, au choix, George Clooney), ou bien des images, des peintures, évoquant l'Amour tel que vous le désirez et qui vous ressemble. Efficace et tendance !

Un miroir qui ne reflète rien ? Voilà pourquoi rien ne se passait dans votre vie amoureuse. Une collection de cactus ? Vous ne viviez pas d'amour et d'eau fraîche, mais seule et bien sèche...

La phrase du jour « Tout est permis, tout est possible grâce aux couleurs et symboliques appropriées. Et surtout, n'hésitez pas à changer au premier coup de blues ou d'ennui ! »

OH, MIROIR !

Votre chéri vous a fait une surprise, il a tapissé votre plafond de miroirs pour une ambiance hot rien que pour vous, histoire de vivre quelques nuits inoubliables ! STOP ! Remerciez-le, mais changez la déco avant l'irréparable. En dehors du fait que ces miroirs vont multiplier le « chi », soit l'énergie qui circule, et vous faire oublier vos nuits paisibles, ils vont vous refléter, donc multiplier votre image, donc imaginer d'innombrables corps enlacés... Vous êtes loin de votre chiffre deux. En clair, les miroirs qui reflètent le lit encouragent l'infidélité.

Fleurir et embellir à profusion

Côté verdure, tout est permis : plantes, fleurs... Votre quotidien amoureux s'en ressentira au plus vite. Voici quelques idées pêle-mêle : un grand vase et un beau bouquet de roses roses, rouges ou blanches, qui apporteront respectivement amour, passion, et même la déclaration que vous attendez depuis toujours ; deux magnifiques plantes pour des relations sensuelles et délicates. Qu'elles soient vraies ou fausses importe peu, tant que la symbolique y est. Même de beaux stickers feront l'affaire.

Opter pour la couleur qui le fera chavirer

Côté couleurs, on oublie un peu les petites « sous-zones » et on se concentre sur la chambre. Vous en avez assez de taper la causette avec votre jules au lieu d'essayer le dernier massage aux huiles douces et aphrodisiaques ? Normal, vous baignez dans le jaune. Vous lisez chacun de votre côté le soir comme un vieux couple ? Encore normal, votre chambre, ce sont les îles grecques : blanche et bleue, l'horreur en feng shui dans cette zone. On se renferme sur soi avec le bleu et on attend avec le blanc. Et pas besoin de revenir sur le gris, le marron chocolat ou le noir, qui n'ont rien à faire ici, à moins que vous ne les mélangiez à un rouge intense soigneusement choisi. Sinon, toujours du orange pour le changement (quelques accessoires suffiront), du rouge pour pimenter et dynamiser vos étreintes, du rose et du pêche pour la douceur d'une relation tendre, ou du rose plus doux, indien, donc plus yang, pour plus de chaleur.

Alléger, libérer, pour une vie amoureuse intense !

Enfin, libérez ces espaces, vous avez besoin de respirer et vos amours aussi. Vous aviez entreposé un paravent ? Mais que cachez-vous donc ? Ou encore cet énorme placard, sombre et lourd ? Vous comprenez enfin pourquoi tout est bloqué. Triez, jetez et déplacez. Remontez vos manches et enfilez votre panoplie de déménageur. Une fois l'espace libéré, prenez le temps de le décorer de vos envies avouables et plus secrètes. Vous seule savez ce que vous souhaitez, non ?

Avant/Après feng shui

Répertoriez tout ce qui va par deux dans vos zones amour.

Anecdote

Il était une fois une jeune fille qui, après la découverte de ces quelques trucs et astuces feng shui, n'a pas hésité à changer ses petites zones amour. Sauf qu'elle a oublié, volontairement ou non, la symbolique du deux et elle s'est amusée à les décorer d'une multitude de petits cœurs. Les effets ne se sont pas fait attendre : elle s'est vue assaillie par des appels de ses ex ! Impressionnant ! La morale ? N'affichez pas n'importe quoi, au risque de vivre des histoires insolites...

chapitre

23

POUR UNE SANTÉ DE FER, EN FAMILLE !

Il n'y a pas que le 1er janvier que l'on peut se souhaiter une bonne santé ! D'où l'importance de ne pas négliger cette zone, d'autant que vous n'êtes pas la seule concernée, votre famille l'étant également. Alors laissez votre paresse de côté et au boulot !

Petit rappel géographique (et temporel)

Cette zone se situe dans ce que l'on appelle la « ligne du temps ». Non, ce n'est pas un remake de *Retour vers le futur*, juste la ligne qui relie votre passé à votre futur !

Par ailleurs, elle se trouve, toujours à partir de l'endroit où vous entrez chez vous, à gauche (sachez que la gauche représente toujours le passé), au milieu.

Retour vers le passé

Vous n'aurez pas besoin d'un savant fou aux cheveux hirsutes, ni d'un super-bolide à remonter le temps pour évaluer où se trouve votre possibilité de gérer passé et avenir. Toutes vos zones se croisent et quatre lignes (deux diagonales, une verticale et une horizontale) existent dans votre sudoku feng shui, dont celle, bien horizontale, qui va de votre passé et vos acquis à vos projets et votre futur potentiel. Il sera donc toujours intéressant de voir ce qui se trouve dans chacune des deux zones.

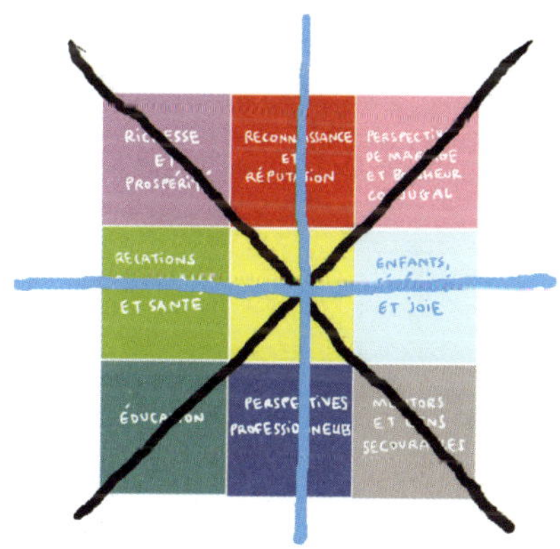

La phrase du jour « Qui a santé, il a tout ; qui n'a santé, il n'a rien. » Manuscrit du XVe siècle

Un endroit stratégique pour vos provisions

Si votre arrière-cuisine, ou l'endroit où vous rangez vos provisions, se trouve dans cette zone, bingo, vous avez gagné ! Votre santé et celle de votre famille seront dynamisées au mieux. C'est donc vraiment idéal s'il s'agit de votre zone santé « générale ». Si ce n'est pas le cas, vous avez la possibilité, toujours dans la cuisine (puisque c'est plus pratique de ranger vos provisions ici plutôt que dans votre chambre), de ranger vos provisions dans la zone santé de la pièce.

De la vie !

Ici, on parle de famille, de santé, donc de vie. Assez logique, finalement. Ainsi, toute symbolique liée à la mort ou la fin sera prohibée et à bannir définitivement, et ce, même si le pendu que vous avez accroché au mur est une œuvre d'art, même si le portrait que vous aviez encadré est celui de votre adorée grand-mamie Jacqueline, aujourd'hui décédée. *Idem* avec les pots ou les vases vides. Oui, c'est vrai, c'est moins rigolo que d'évoquer des idées déco ou la rencontre du grand amour, mais sans la santé, point de vie, et point de possibilité de développer un avenir florissant. Encore logique, avec cette ligne passé/futur. Ce feng shui est décidément plein de bon sens ! En revanche, ce qui est bienvenu dans cette zone, c'est tout ce qui peut éveiller votre santé. Et si votre zone santé « générale » se situe dans l'ombre d'un dressing ou dans les toilettes, redoublez d'ardeur dans les zones santé de toutes vos pièces.

Du vert et de l'abondance

Bien que vous ne vous trouviez pas dans la zone argent, de belles plantes vertes (couleur numéro un pour une bonne santé, contrairement au rouge sang, à éviter) et bien grasses, et tout ce qui symbolise l'abondance, comme des coupes de fruits qui débordent, seront positif pour votre énergie et celle de votre famille. Et en fonction de votre style de vie et de votre intérieur – et de vos talents de jardinière –, choisissez ces symboles réels ou bien sous forme de déco. N'oubliez pas le côté pratique et efficace des mandalas énergétiques, qui font du trois-en-un : couleur, déco et énergie.

La famille au grand complet

Et bien sûr, c'est la zone idéale pour placer toute votre petite famille ! En prenant soin, donc, d'éviter les personnes décédées, même si vous les adoriez. Apollon, lui, sera plus à sa place dans la zone amour, et vos bambins plus à l'aise en face, dans la zone projets/avenir/enfants (à découvrir plus loin).

Avant/Après feng shui

Faites le rapprochement entre ce qui se trouve dans les deux zones qui se font face : votre passé et votre avenir.

Point de plantes malades

Une plante malade, ou en train de mourir, ou bien des fleurs qui pourrissent, pourraient bien, justement, pourrir votre quotidien. Quand une plante commence à mal aller, pensez à regarder où elle se trouve dans la pièce, vous aurez l'indication de ce qui se trame ou la confirmation de ce qui se passe déjà. Donc dès les premiers signes, arrangez, soignez la plante, ou jetez-la si elle est définitivement morte. Et si vous devez partir en vacances alors que l'on vient de vous offrir des fleurs, n'hésitez pas à les donner ou à les jeter, plutôt que de les laisser pourrir pendant votre absence et d'avoir quelques mauvaises surprises à votre retour...

chapitre

24

RÉALISER SES RÊVES LES PLUS FOUS

•

Vous avez traversé la ligne de temps de votre maison et vous vous retrouvez à présent dans la zone projets. Aspect plutôt sympa de votre vie ! Petits, moyens ou encore pharaoniques, c'est le moment de mettre en place et réaliser tous vos rêves, ainsi que ceux de vos chers bambins, qui ont ici leur zone de prédilection.

Petit rappel géographique

Lorsque vous vous trouvez sur le pas de votre porte (oui, toujours), la zone se situe à droite, au milieu.

Désastre ou bonheur absolu ?

Vous devez commencer à savoir que la place d'une zone est primordiale dans l'impact qu'elle aura dans votre vie. Alors, qu'en est-il chez vous avec cette fameuse zone projets ? Elle est dans le dressing, complètement dans le noir ? Désastre ! Ou plutôt totalement ouverte sur une lumière abondante ? Bonheur ! Si elle se trouve dans une pièce d'eau, vous savez ce que ça signifie... c'est pas le top. Mais heureusement, rien n'est perdu, les solutions existent !

La phrase du jour

« Créez votre réalité ! »

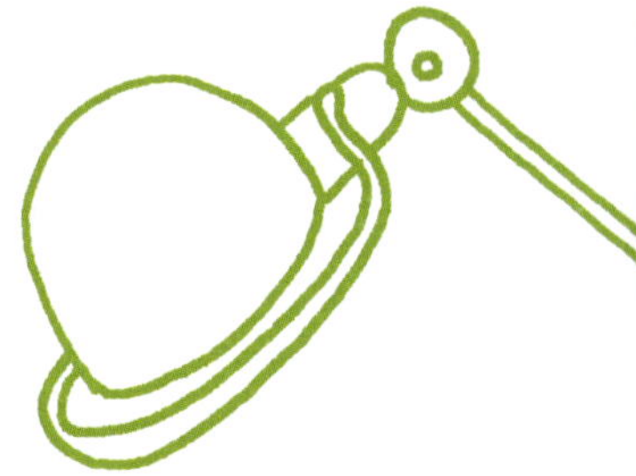

Prendre son temps

Ce conseil vous plaît ? Il est important de prendre le temps de trouver l'agencement idéal et de peaufiner tous les détails. Le feng shui préconise de travailler en amont, de découvrir quels sont vos désirs et de les afficher ensuite. L'énergie fera le reste du travail.

Créer !

Cette zone symbolise la création dans toute sa splendeur. Rien de ce que vous souhaitez ne peut vous être refusé ! (Ah oui ?) Affichez donc haut et fort, et en grand, vos objectifs, vos envies, vos rêves... Dans votre chambre, vos désirs amoureux les plus fous ; c'est justement le moment d'accrocher l'homme de vos rêves sur le mur approprié (sa photo, vous l'aviez compris !).
Si votre grosse armoire normande s'y trouvait, déplacez-la.
Dans votre salon ou salle à manger, cela concernera plutôt les projets familiaux : une nouvelle maison, un tour du monde par exemple. N'ayez pas peur d'afficher des projets tout à fait dingues. Dans votre bureau, vous ferez plutôt savoir au monde entier quels sont vos projets professionnels. S'il s'agit de prendre la place de votre patron, essayez toutefois d'être discrète, au risque de vous retrouver au poste de travail que vous avez fait en sorte de quitter aux chapitres 3 ou 9 !

De la lumière !

La lumière est primordiale pour éclairer vos lanternes et le chemin qui vous mènera à la réalisation de vos projets. Pensez aux guirlandes lumineuses (toujours en nombre impair) pour dynamiser, ou encore aux spots. Côté couleurs, le yang et le mouvement seront les plus favorables : jaune ocre, orangé, rouge, vert... À moins que votre projet soit d'éviter tout changement, auquel cas le marron foncé sur les murs et des meubles bien lourds seront tout indiqués pour exaucer vos vœux de stabilité. Mais pourquoi pas, après tout.
Par ailleurs, les symboliques liées à l'envol, l'ouverture, la liberté sont les plus prometteuses. Sans oublier les plantes vertes !

L'enfant-roi

Vous ne saviez pas où ranger les magnifiques dessins et créations en pâte à sel de vos bambins ? Ne cherchez plus, c'est ici. Évidemment, la zone projets de leur chambre sera doublement importante, alors soyez vigilante quant à son aménagement. Faites preuve d'imagination pour inciter votre ado en pleine crise existentielle à retirer ses affiches bizarres. Avec votre fille de dix ans fleur bleue, ça sera plus facile de lui faire mettre son prince charmant et tous les petits cœurs (en nombre impair) qui vont avec au bon endroit. Si vous avez le courage, et la patience, de leur expliquer les raisons de tel ou tel aménagement, ça sera toujours ça de gagné pour la suite !

Ouvrez grand et trompez l'œil éventuellement

Vous l'avez vu, cette zone a besoin de lumière et d'ouverture, d'espaces dégagés, de grandes baies vitrées. Si vous en avez la possibilité, créez les ouvertures qui vous apporteront... des ouvertures dans l'avenir. Si, par malchance, votre maison ne vous offre pas cette possibilité, mettez en œuvre vos talents de peintre – ou, à défaut, embauchez un peintre – et créez une fenêtre ou une baie vitrée en trompe l'œil. C'est une autre manière de développer et dynamiser des projets restés trop longtemps au point mort.

Avant/Après feng shui

Faites un croquis du paysage qui vous plairait pour votre trompe-l'œil.

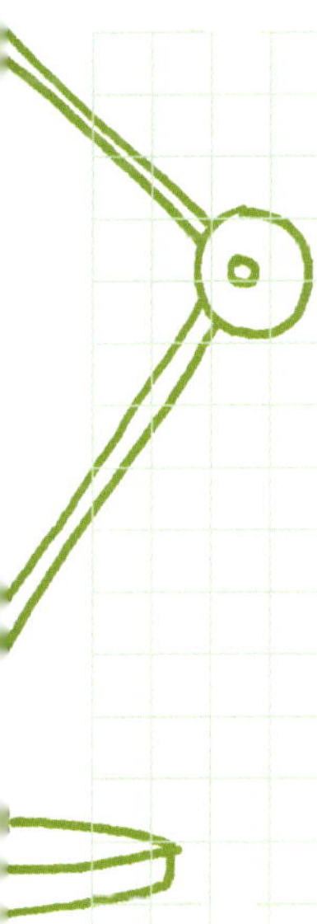

chapitre

25

LA PREMIÈRE IMPRESSION

« La première impression est souvent la bonne. » Combien de fois avez-vous pensé, ou prononcé, cette maxime en entrant pour la première fois chez quelqu'un ? Vous voici à présent dans votre entrée, dont vous allez prendre soin pour en faire un endroit irréprochable et lumineux, à votre image !

Comment je fais avec mon petit studio ?

Que celles qui habitent un studio se rassurent. Des solutions existent et le feng shui n'est pas réservé aux châtelaines milliardaires. Heureusement ! L'idée est de commencer par créer une petite entrée avec une plante verte ou un paravent, par exemple. Ensuite, vous pourrez recréer le fameux bagua et ses différentes cases pour fengshuiser votre foyer, si petit soit-il.

Whouaouh !

L'entrée de votre maison donne aux visiteurs la première impression et c'est elle qui reflétera votre image. Votre entrée est une zone réputation à elle seule, comme votre chambre est une zone amour. Donc, il vous faut traiter cette pièce comme les différentes zones réputation pour éblouir vos visiteurs et gagner des points sur votre image. Vous avez compris, quand vous attaquerez le grand ménage de printemps, il n'est pas question que cet endroit n'en ressorte pas ni-ckel !

La phrase du jour « Vous n'aurez pas deux fois la chance de faire une bonne première impression. »

Et au bureau ?

Au bureau, la réputation est omniprésente. L'entrée y est donc peut-être encore plus importante. Pour les clients, collègues, etc., qui vont venir vous voir, l'image prime sur tout le reste. Prenez les sièges de multinationales par exemple. Les entrées sont-elles miteuses et délabrées ? Non, bien sûr, elles sont irréprochables au contraire. Auriez-vous envie de faire confiance à un avocat si l'entrée de son cabinet ne vous inspirait pas confiance justement ? Non, encore une fois. Alors quelques petits aménagements feng shui pour un plus gros chiffre d'affaires, ça vaut le coup !

Ranger les chaussures et le panier du chien

Se prendre les pieds dans le panier de Médor ou les chaussures de toute la famille, les odeurs en prime, ce n'est pas génial. Sans oublier les vestes et manteaux qui traînent. Alors foncez chez Ikea® et achetez un placard dans lequel vous rangerez vos manteaux, chaussures, etc. Non seulement vous n'aurez plus besoin de faire attention où vous mettez les pieds, mais en plus vous éviterez les odeurs qui se dégagent des baskets de votre cher ado.

Petit bonus, maintenant que vous savez que vous avez tendance à afficher inconsciemment votre mode de fonctionnement, une entrée mieux rangée, et moins chargée, signifiera une tête plus ordonnée.

Planter le décor

L'entrée est une zone réputation, vous allez donc la décorer avec tout ce qui pourrait vous mettre en valeur : une belle œuvre d'art jaune, orange ou rouge ; un énorme bouquet de fleurs dans les mêmes tons yang ; un tapis. Si vous voulez y placer un miroir, surtout pas en face de la porte, et plutôt un miroir soleil. Une plante verte peut également y trouver sa place si votre entrée est baignée de lumière, cela apportera de l'énergie et de la couleur.

Illuminer par le feu

Vous n'avez plus d'hésitation à avoir, vous pouvez aller acheter ce superbe lustre rouge qui vous fait envie depuis si longtemps. Il sera parfait pour illuminer et dynamiser votre image. Si votre entrée s'y prête et si vous aimez cette couleur, le rouge est la couleur idéale pour cette pièce. Contrairement au bleu – l'eau éteint le feu de la réputation –, qui vous assurerait une image catastrophique (vous les entendez, vos visiteurs qui médisent dans votre dos ?).

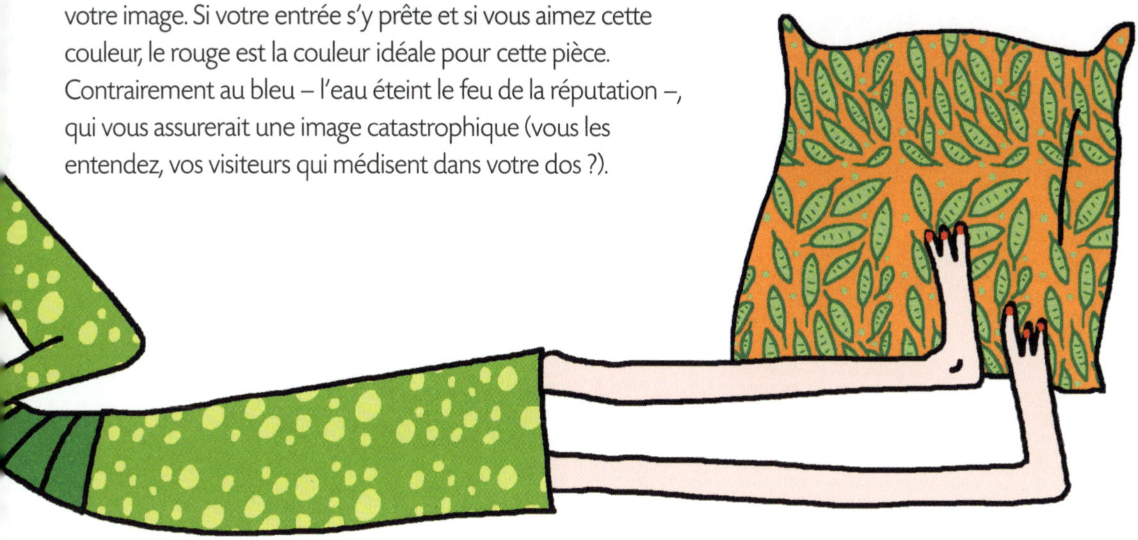

Avant/Après feng shui

Dressez la liste de tout ce qui se trouve dans votre entrée, chez vous ou au bureau. Y a-t-il des intrus ?

chapitre

26

METTRE LES PETITS PLATS DANS LES GRANDS OU COCOONER ?

•

Vous entrez petit à petit dans votre foyer, et vous voici dans vos pièces de réception, le salon et la salle à manger. Êtes-vous de celles qui enfilent illico leurs chaussons en arrivant chez elles, ou plutôt de celles qui adorent recevoir tous leurs copains pour des fiestas endiablées ? Adoptez le feng shui qui vous ressemble pour des pièces à votre image !

Strass et paillettes ou dodo sous la couette ?

Selon la façon dont est agencé votre salon, sa position dans votre appart', le soleil qui vient l'inonder (ou non), la tendance est déjà bien inscrite, qu'elle soit à votre image ou pas du tout. Si c'est pas du tout, suivez ces quelques conseils.

Vous êtes plutôt **paillettes** et votre salon donne plein sud ? Franchement, il n'y a pas grand-chose à faire : le sud vous apportera la lumière dont vous rêvez, c'est parfait. C'est plus compliqué s'il donne plein nord ou à l'ouest, et il va falloir forcer sur la lumière : spots, couleurs yang (doré, argenté, jaune, orangé, rouge) pour dynamiser ; le côté brillant apportera le strass tant désiré.

À l'inverse, pour celles qui sont plutôt **pantoufles** et Nutella® dans le canap', le nord ou l'ouest sont l'idéal. Si vous êtes quand même au sud et que vous en avez assez des copains qui viennent squatter, plongez dans un océan de couleurs moins vivantes. Attention toutefois à ne pas trop plomber votre intérieur !

La phrase du jour « Choisissez votre tendance et affichez-la sous toutes ses formes. »

Pause tendresse (ou coquine) avec votre amoureux

Le rose et le rouge seront ici tout indiqués dans les assiettes, les nappes et les accessoires ! Des couleurs pour l'amour (oh oui !), et aussi la tendresse. Et c'est l'extase assurée si vous avez en plus pensé à parfumer l'air d'une essence aphrodisiaque, gingembre ou ylang-ylang par exemple ! Sans oublier les lumières tamisées... parce que la bonne lumière yang utile pour cuisiner sera moins nécessaire pour roucouler dans les bras de votre amoureux ou épingler l'Apollon d'en face... Bonne chance !

Glamour ou authentique ?

En poussant plus loin dans la déco, l'aménagement de vos zones feng shui est essentiel. Étudiez dans le détail vos zones projets et réputation pour ne pas y mettre l'inverse de ce que vous recherchez. Si votre truc, c'est l'**authenticité**, vous devrez forcer le côté chaleureux grâce à des couleurs chaudes et du bois, du yin avec des tapis, des rideaux et des coussins partout. Bien sûr, si vous préférez un intérieur jouant davantage sur le « **paraître** » (personne ne vous en voudra !), vous pourrez avoir des coussins, tapis ou rideaux, mais moins. La pièce sera plus dépouillée, plus yang, plus froide, mais avec du brillant et des symboliques qui déchirent ! Pensez par exemple au côté glamour de Marilyn qui vous rapprocherait du strass.

Organiser un dîner de fête

Côté salle à manger, ce n'est pas très différent ; l'orientation déterminera une ambiance plus ouverte ou plus sérieuse. Au nord ou à l'ouest, il faudra forcer le dynamisme de la pièce pour garantir des repas un peu vivants, notamment grâce aux couleurs. Des accessoires orange par exemple pour des discussions animées. Vous pouvez également jouer sur les formes et les couleurs de la vaisselle (voir l'encadré plus loin). Pour un dîner de fête, optez pour des couleurs comme le rouge, le doré, l'argenté. N'oubliez pas qu'*a priori*, vous n'organisez pas un dîner de fête tous les jours, donc vous pouvez facilement déguiser la pièce pour l'occasion et son orientation ne sera finalement pas si importante – c'est sûr que si votre salle à manger donne plein sud, vous aurez moins de travail, l'énergie ambiante étant d'emblée à l'ouverture, la fête, les copains. Dans tous les cas, n'oubliez pas les bougies : elles purifient et apportent le feu indispensable pour une fête réussie !

Ambiance famille !

Là, c'est plus cool (normalement !). Vous cherchez la convivialité de moments où chacun a plaisir à se retrouver. Si vous souhaitez que tout se passe bien et que personne ne s'arrache les cheveux, préférez le yin des tons doux (pas le rouge éclatant !) et des formes rondes. Quant aux accessoires, rien de tel qu'une nappe toute blanche et des assiettes pas trop chargées. Le jaune est une bonne couleur car c'est la couleur de la communication, bien meilleur que le bleu qui risque de plomber l'ambiance.

Pour la salle à manger en elle-même, selon son orientation plus ouverte (est et sud) ou plus pépère (ouest et nord), choisissez les couleurs « générales » les plus adaptées et faites évoluer votre table en fonction de vos invités. Enfin, n'oubliez pas les lumières, que vous ne choisirez pas trop douces, parce que manger est un acte direct, yang.

Avant/Après feng shui

Qu'avez-vous changé dans votre salon et/ou votre salle à manger pour que ces pièces soient parfaitement en accord avec votre image ?

Avez-vous pensé à la forme de vos assiettes ?

Sachez que la couleur ne fait pas tout, la forme aussi a son importance. En fonction de l'équation couleur et forme des assiettes, nappes, etc., l'énergie de votre repas ne sera pas la même. N'allez pas mettre du rouge avec du jaune pour une ambiance familiale qui est déjà électrique, au risque que ça finisse en bagarre générale ! Du jaune avec du bleu, et ça sera plus calme (parfois un peu trop). Le rond sera plus doux, plus souple (yin !), alors que le carré sera plus… carré (yang !), donc plus dur. À vous d'adapter selon qui se retrouve autour de votre table !

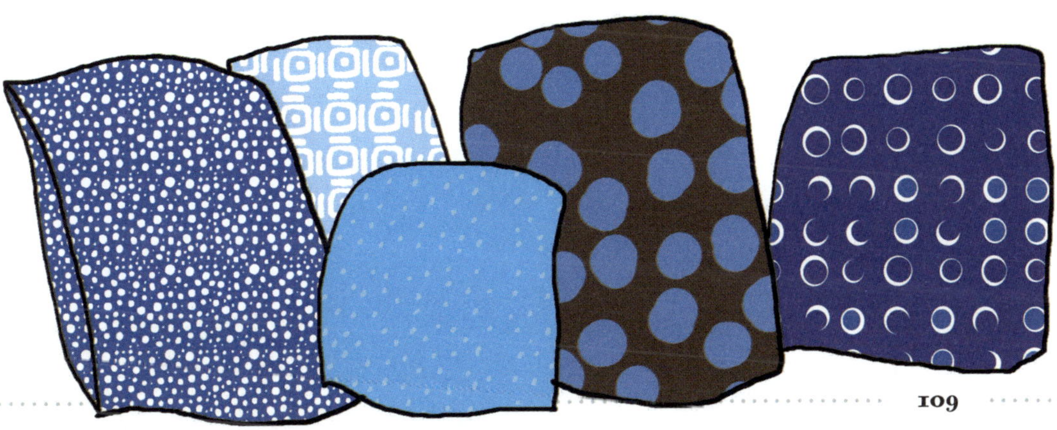

chapitre

27

CUISINER LÉGER POUR UNE FORME OLYMPIQUE

La cuisine ! Une pièce indispensable et essentielle en feng shui… Endroit convivial par excellence, c'est l'un des trois lieux fondamentaux de votre foyer ; son agencement aura de véritables conséquences sur votre quotidien et votre santé. Alors que vous soyez une cuisinière hors pair ou une pro du surgelé, il faudra en prendre soin pour rester dans une forme olympique.

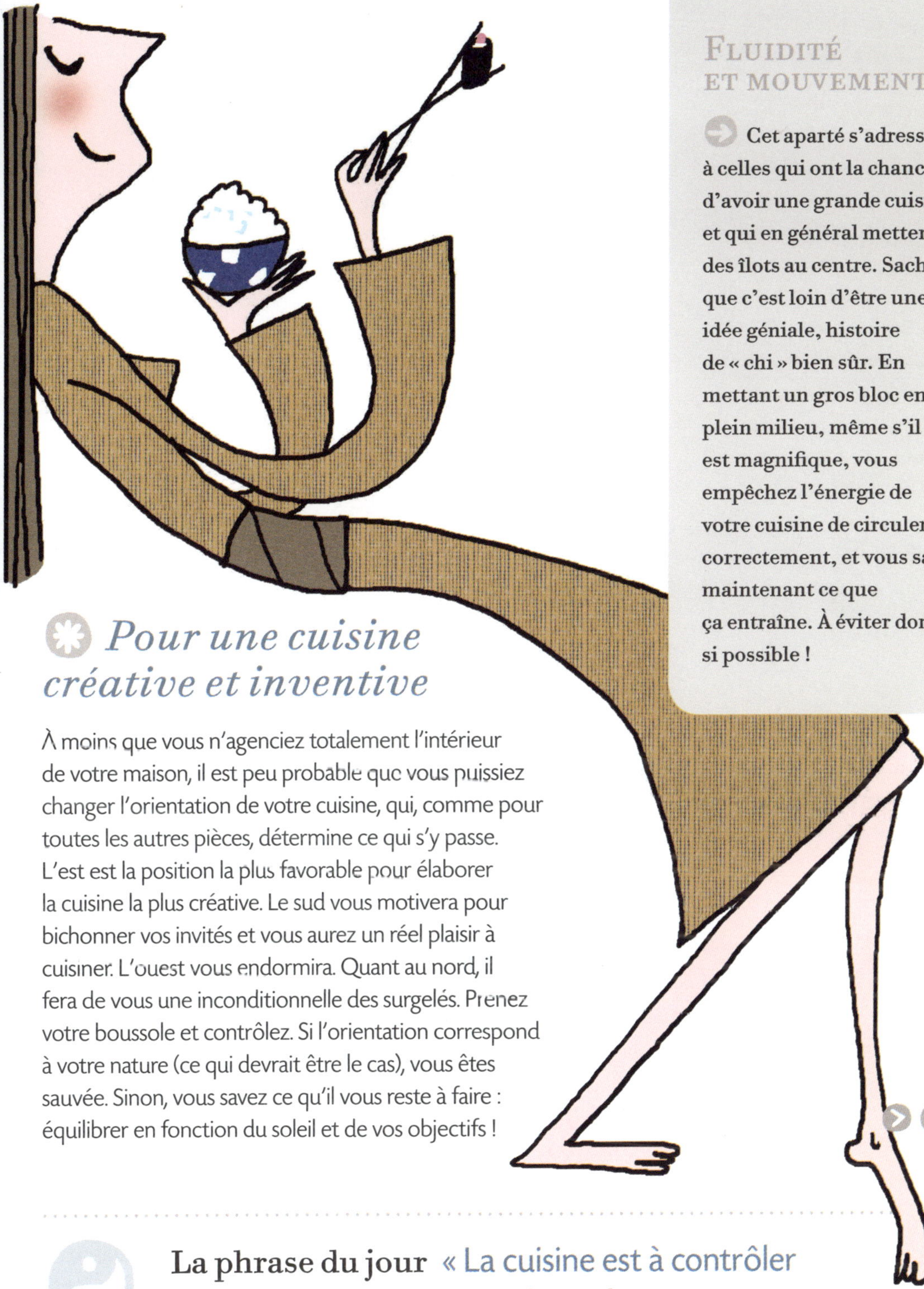

Fluidité et mouvement

Cet aparté s'adresse à celles qui ont la chance d'avoir une grande cuisine, et qui en général mettent des îlots au centre. Sachez que c'est loin d'être une idée géniale, histoire de « chi » bien sûr. En mettant un gros bloc en plein milieu, même s'il est magnifique, vous empêchez l'énergie de votre cuisine de circuler correctement, et vous savez maintenant ce que ça entraîne. À éviter donc si possible !

Pour une cuisine créative et inventive

À moins que vous n'agenciez totalement l'intérieur de votre maison, il est peu probable que vous puissiez changer l'orientation de votre cuisine, qui, comme pour toutes les autres pièces, détermine ce qui s'y passe. L'est est la position la plus favorable pour élaborer la cuisine la plus créative. Le sud vous motivera pour bichonner vos invités et vous aurez un réel plaisir à cuisiner. L'ouest vous endormira. Quant au nord, il fera de vous une inconditionnelle des surgelés. Prenez votre boussole et contrôlez. Si l'orientation correspond à votre nature (ce qui devrait être le cas), vous êtes sauvée. Sinon, vous savez ce qu'il vous reste à faire : équilibrer en fonction du soleil et de vos objectifs !

La phrase du jour « La cuisine est à contrôler de près pour une santé au beau fixe. »

Bannissez tout objet coupant

Il n'y a pas de doute que les couteaux, ciseaux, etc., ont leur place dans une cuisine, mais ce ne sont pas pour autant des objets déco. Pas besoin de les supprimer, rangez-les tout simplement dans les tiroirs. Bannissez tous les trucs à la mode et totalement anti-feng shui et préférez plutôt la petite robe super branchouille qui fera tourner la tête de celui pour qui vous cuisinez !

La couleur qui tue...

Disons les choses franchement, stop aux cuisines rouges super-tendance ! La cuisine est bien l'une des pièces essentielles en feng shui parce qu'elle représente la santé (en plus de la zone santé dans le sudoku fengshuisé), et vous le savez maintenant, certaines couleurs sont plus favorables à une bonne santé. Le rouge n'en fait pas partie. Trop fort, il risque de vous causer quelques désagréments au quotidien. Bien sûr, nous parlons ici d'une cuisine entièrement rouge, et non de quelques accessoires ici ou là. Si c'est votre cas, pas de panique ! Simplement, veillez à ce que vos zones santé ailleurs dans la maison soient favorables pour équilibrer le système. Et si vraiment cette info vous a paniquée, sans pour autant tout changer, vous pouvez redécorer vos meubles ou repeindre les murs.

... et les autres

Le vert, évidemment, puisque c'est la couleur parfaite pour une bonne santé. Des touches de orange peuvent aider à relever une énergie à l'ouest trop plombante pour cette partie de la maison. Le jaune apportera la convivialité dont une cuisine a besoin. Vous pouvez aussi avoir une couleur de base plus neutre et jouer sur les accessoires. Le rose et le blanc sont envisageables, mais évitez trop de bleu, qui risque de vous isoler dans votre cuisine. Quant au marron et au gris, vous savez ce que nous en pensons... c'est comme les plats que vous cuisinez : si vous ne les relevez pas, ça n'a pas de goût et c'est moins bon !

Place aux convives !

La cuisine, c'est aussi l'endroit où tout le monde se retrouve, même quand un salon gigantesque et chaleureux tend les bras à vos invités. Si vous en avez la possibilité, installez-y une table pour le petit déj' en famille ou pour un déjeuner sur le pouce avec vos copines. Attention toutefois si vous installez justement une table. Faites en sorte qu'elle évite le tracé du « chi », entre la porte et la fenêtre, pour prendre vos repas en toute sérénité.

Avant/Après feng shui

Cuisinière hors pair ou pro du surgelé ?

Quelle est la recette que vous réussissez le mieux ?

chapitre

28

LÉGER, LOURD OU COQUIN ?

Vous voilà arrivée dans un domaine sensible, celui des chambres, la vôtre et celles de vos bambins et/ou ados. Les unes n'ont rien à voir avec les autres, alors suivez ces conseils pour aménager idéalement ces pièces en fonction de ce que vous recherchez et améliorer encore et toujours votre capital bien-être.

Astuce de paresseuse

« Entre deux maux, mieux vaut choisir le moindre », dit la maxime. En ce qui vous concerne, il vaut mieux être dans le « chi » et une bonne position du soleil que l'inverse. Eh oui, vous pourrez toujours dévier le « chi », mais pas le soleil !

Complètement à l'ouest !

De quelle chambre parlons-nous ? Bébé, bambin, ado ou femme amoureuse et pleine de désir, les situations sont radicalement différentes. Le seul point commun : leur disposition. Vous rêvez de bonnes nuits de sommeil ? Faites en sorte que les lits soient placés en dehors du tracé du « chi », c'est la première étape incontournable. Si, vraiment, vous ne pouvez rien faire, installez un baldaquin autour du lit pour vous protéger du « chi », ou bien des tables de chevet pour le dévier. Quant à l'orientation des lits, les têtes doivent de préférence être au nord ou à l'est plutôt qu'au sud ou à l'ouest.

La phrase du jour

« Partez à la chasse au "chi" pour un sommeil de plomb. »

Adieu les mobiles pour les bébés

Sachez que les bonnes vieilles habitudes d'installer un mobile au-dessus du lit de Bébé pour l'aider à dormir sont contre nature et entraînent un résultat totalement inverse. En fait, ce mobile, si mignon soit-il, va faire bouger l'énergie et la dynamiser ! C'est certain, votre bambin va adorer le regarder et le toucher, et ça risque de beaucoup l'amuser. En revanche, côté sommeil, vous risquez de vous épuiser rapidement pour rien. Alors un bon conseil, retirez le mobile le soir venu pour retrouver les bras de Morphée (ou d'Apollon) tranquillement... Bonne nuit !

Mettre au point un plan de bataille

Maintenant que les lits sont correctement positionnés, place à la déco et aux couleurs ! Pour Bébé, évitez le jaune canari ou le bleu électrique, qui empêchent de dormir. Préférez les couleurs douces et arrêtez de penser que le rose n'est réservé qu'aux filles. Les garçons aussi ont besoin de douceur. Le rose ou le pêche léger aideront Bébé à se sentir tranquille et en sécurité. Vous l'imaginez déjà, votre bonne nuit de sommeil ?! Vous pourrez vous permettre des couleurs plus vives pour des enfants plus grands, et jouer avec en fonction des zones feng shui : par exemple, du bleu dans la zone carrière ou du rose dans la zone réputation. Vous aurez plus de mal à imposer vos choix à un ado !

Et vous, de quoi avez-vous envie ? Être pépère, raviver une flamme, booster votre désir ? Un retour aux chapitres sur les couleurs ou la zone amour vous aidera à faire des choix judicieux. Néanmoins, choisissez le bon éclairage, qui doit être yin et doux. Fuyez les lumières trop brutales. Quant aux matériaux, ils ont également leur importance : le bois est préférable au fer pour votre lit car il véhicule créativité et tranquillité.

Un peu de magie...

En fonction de la personne concernée par la chambre, vous allez aménager les différentes zones feng shui au mieux. Les symboliques utiles à un ado qui se construit ne peuvent pas être les mêmes que celles d'un bébé ou même les vôtres. À ce stade, vous saurez quels objets ou photos placer dans les zones. Petit rappel cependant de ce qu'il faut éviter à tout prix : le paravent dans la zone amour (mais que cachez-vous ?), des fleurs séchées (elles feront mourir la zone), une femme seule (vous voulez vraiment rester célibataire !).

Un miroir, quel miroir ?

Nous ne le répéterons jamais assez (si, vous trouvez ?), la circulation du « chi » est fondamentale, de même que l'absence de miroirs dans votre chambre. Les fabricants de meubles n'ayant pas encore lu ces lignes, ils ne savent pas à quel point la symbolique du miroir dans la chambre est néfaste (mari trompeur, mauvais sommeil, etc.) et proposent souvent des placards recouverts de miroirs. Certes, cela agrandit foncièrement les pièces, mais, par pitié, évitez ! S'ils sont déjà installés et impossibles à retirer, camouflez-les avec un morceau de tissu, des stickers... Vous trouverez !

La petite touche en plus

Une fois la chambre installée, n'oubliez pas l'essentiel et qui fera toute la différence, les odeurs et les lumières. N'hésitez pas à adopter un diffuseur pour votre chambre, histoire de l'enrober des meilleures ondes possibles, quels que soient vos objectifs... et optez pour une lumière tamisée qui ne dérangera pas vos ardeurs et encouragera un repos bien mérité !

Avant/Après feng shui

Et chez vous, toutes les chambres sont-elles bien à leur place ?

chapitre

29

LES PETITS COINS DE PARADIS

Il ne reste que deux pièces à étudier de près, certainement les plus problématiques : les toilettes et la salle de bains. Comme il est hors de question de les retirer de votre maison (il ne manquerait plus que ça !), il vous faudra redoubler d'énergie (c'est le cas de le dire) pour les conserver sans chasser les bonnes… énergies. À vous de jouer.

« C'EST ICI ! »

Quelle idée d'indiquer, à l'aide d'un petit panneau, d'une plaque, l'endroit où se trouvent les toilettes ? C'est bien une pièce que l'on finit toujours par trouver ! Alors comme les bonnes énergies ne cherchent qu'une chose, se faire la belle, ce n'est pas la peine de leur rendre la tâche plus facile en leur indiquant le chemin pour y arriver. Vous ne ferez qu'augmenter vos pertes. Compris ?

Diminuer les pertes

L'idée, avec les toilettes et la salle de bains, est un peu différente des autres : il s'agit de protéger ces pièces pour éviter que les bonnes énergies ne s'y engouffrent et ne disparaissent à jamais. Eh oui, nous l'avons déjà évoqué, mais lorsque l'eau est chassée, les énergies, ces coquines, en profitent pour s'échapper ! Alors, par exemple – et aussi pour le côté esthétique de la chose –, pensez bien à fermer la lunette des toilettes. Pensez également que ces pièces, dans lesquelles la symbolique de l'eau est omniprésente, peuvent réellement diminuer les bonnes énergies d'une zone réputation, zone du feu, qui, donc, déteste l'eau (rappelez-vous, l'eau éteint le feu). D'où une absolue nécessité de les protéger.

La phrase du jour « Un petit coin de paradis, oui, mais halte à la perte d'énergie ! »

Si vous construisez votre maison

Si vous avez la chance de concevoir votre propre maison, ces pièces étant donc un peu problématiques, il est judicieux de les placer dans la zone connaissance (vous vous rappelez, c'est la zone en rentrant dans l'angle à gauche), ou bien entre deux zones, où leur impact sera vraiment réduit. Pensez-y, cela vous facilitera la vie !

Garder les couleurs de la mer

Ainsi, afin d'éviter des conflits, ne repeignez pas ces pièces avec des couleurs de feu (orange vif, rouge...) ; cela ne fera que créer de nouvelles difficultés dans les zones dans lesquelles elles se trouvent. Gardez l'idée qu'il vaut mieux rester dans les couleurs de l'eau (bleu, vert, blanc...), idéales ici et leur permettant de passer inaperçues symboliquement et en énergie. Si le carrelage rouge de la salle de bains est bel et bien installé et que vous ne puissiez vraiment rien faire, passez à la vitesse supérieure, à la haute protection.

Protéger des mauvaises ondes

Couleurs, miroirs, objets divers sont ici vos alliés... Et pourquoi pas, justement, du rouge, mais cette fois-ci, sur l'extérieur de la porte. Cette couleur est idéale pour vous protéger des intrus (même si votre porte ferme déjà à clé !) ; elle repousse les énergies qui ainsi ne s'engouffrent pas dans les toilettes ou la salle de bains. Et si vous ne pouvez pas peindre la porte en rouge, placez un miroir sur le mur en face de la porte, ou sur l'extérieur de la porte, là où vous avez refusé de peindre en rouge. Pour celles qui n'auraient pas suivi, le miroir renverra vers l'extérieur les bonnes énergies coquines. Enfin, dernière astuce pour les paresseuses compliquées et toujours pas satisfaites, faites en sorte de dévier l'énergie de sa trajectoire (invisible) grâce à une plante verte ou un autre objet placé devant la porte (OK, pas tout à fait devant, vous devez quand même pouvoir entrer dans ces pièces).

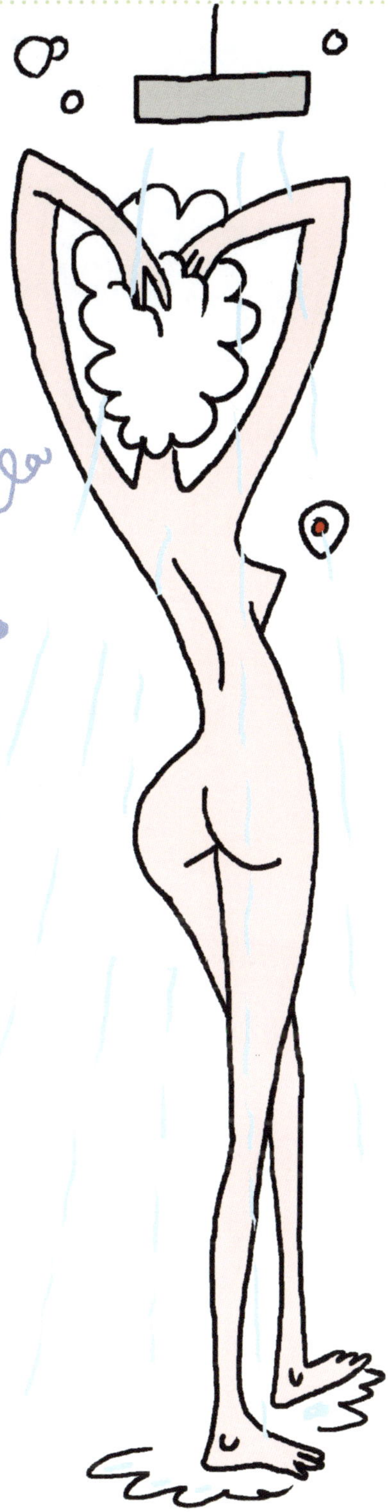

Pas de chichis

Il n'est pas utile, dans les toilettes ou la salle de bains, d'ajouter des objets, photos, etc., pour les dynamiser, comme vous l'avez fait dans les chambres, salon, cuisine, etc., puisque les bonnes énergies vont se dépêcher d'aller ailleurs. En revanche, tout ce qui pourrait alourdir les pièces et permettrait aux bonnes énergies de rester est très positif. Par exemple, et ça tombe bien, c'est plutôt tendance, des galets au sol (en image, ça marche aussi). Et, évidemment, rien ne doit vous empêcher d'installer une baignoire gigantesque ou une douche-massage-hammam dans votre salle de bains, ça reste un endroit de détente !

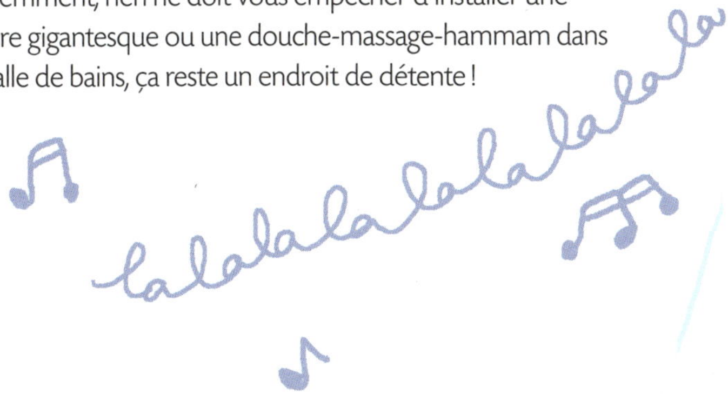

Avant/Après feng shui

Dans quelles zones se trouvent vos toilettes et votre salle de bains ? Sont-elles protégées correctement ?

chapitre

30

« AUM AUM AUM… » OU LE LÂCHER-PRISE

*Vous y êtes presque, bravo !
Pourtant, maintenant, il va falloir
oublier tout ce que vous avez lu pour revenir
à votre vie et permettre aux choses
de se mettre en place. Et une fois
votre installation terminée,
il vous faudra apprendre le lâcher-prise…*

Inspirer, souffler, respirer

Apprendre à lâcher prise sur vos aspirations et désirs les plus profonds n'est pas évident. Même si pour certaines, les vingt-neuf premiers chapitres auront paru difficiles, ce dernier l'est peut-être encore davantage. Il faudra pourtant respecter ces conseils à la lettre.

Votre patron vous a pris la tête ? Vous êtes fâchée avec votre meilleure amie ? Apollon vous fait des misères ? Pour apprendre à vous relaxer si vous êtes hyper tendue, respirez au moins trois fois de suite en tenant votre respiration chaque fois en comptant jusqu'à quatre, et ensuite seulement vous pouvez relâcher. Au bureau, dans le métro, au lit, dans la voiture, faites-le n'importe où, cela vous dégagera de votre stress quotidien.

La phrase du jour « N'oubliez pas d'affûter votre baguette de temps en temps. »

Pour trouver l'inspiration

Prenez des bains avec du gros sel pour purifier et des essences pour vous relaxer encore davantage. Il n'y a aucun doute que de nombreuses idées pointeront leur nez et vous saurez alors précisément ce que vous souhaitez. Bonne détente !

Prendre son temps

Ensuite, et paresseuse que vous êtes, ça vous plaira, rien ne presse. Vous avez vécu jusque-là sans le feng shui et vous êtes toujours vivante, non ? Alors gardez votre calme et prenez du recul. Prenez le temps d'étudier votre foyer, d'analyser ce qui ne va pas, de retirer tout ce qui est négatif… et de savoir ce que vous souhaitez, avant de passer aux changements. Vous avez toutes des ambitions différentes – l'amour d'Apollon, la fortune, une grande famille, etc. Quand vous aurez déterminé les vôtres, agissez tranquillement. Et si vous êtes en panne d'inspiration, ça sera le signe que vous avez besoin de plus de temps.

Penser positif

Pour que toute la magie du feng shui opère, sachez rester positive, même quand vous sentez que la journée a mal commencé. Cela vous aidera réellement à aller de l'avant et à changer ce qui vous perturbe, mais aussi à vivre votre quotidien tel qu'il est.

À NE PAS FAIRE

Le problème avec le feng shui, c'est que nombreuses sont celles qui le prennent pour une baguette magique et attendent le Prince Charmant (ou les pépettes) sur le pas de leur porte, sans rien faire. Elles ont tout faux ! Rien n'arrivera si vous ne faites rien. En découvrant ce qui ne va pas dans votre foyer, vous vous interrogez sur vous et vos réels désirs, qui sont parfois passés à la trappe depuis des lustres. Et là, vous pouvez faire en sorte de les réaliser grâce à tous vos nouveaux gestes feng shui !

Vivre !

Et puis si vous avez vraiment du mal à patienter, amusez-vous, sortez, dînez en tête à tête avec Apollon… vivez encore plus que d'habitude pour vraiment ne plus penser à tout ce que vous avez changé. C'est la clé du succès ! Vous êtes une vraie paresseuse ? Alors il grand temps de le montrer en ne faisant plus rien ! Car la vraie difficulté est maintenant de lâcher prise sur vos attentes… Un peu d'activité devrait donc vous aider et vous faciliter la tâche.

Mériter son bien-être retrouvé

Vous verrez que, petit à petit, vous profiterez de ce bien-être meilleur et retrouvé avec votre entourage. Peut-être qu'entre-temps, vous aurez déménagé et trouvé un nouveau foyer qui vous correspond parfaitement, à vous et vos affinités, sans avoir recours au feng shui ? C'est ça, la vraie magie ! Alors asseyez-vous et profitez de ce quotidien pas toujours facile, mais tellement incroyable et déconcertant, parce que tout est toujours possible.

Encore plus paresseuse

LE SUPER-COACHING FENG-SHUI PERSONNEL !

•

Il est venu, le temps d'allumer la lumière !
En manipulant l'interrupteur de votre intérieur, c'est toute votre petite personne qui va scintiller et briller de mille feux. Rappelez-vous, votre maison c'est Vous, voici donc un super-coaching feng shui personnel en 6 actions chronoooo pour toutes les paresseuses !
À réaliser avant, pendant ou après tout feng shui de votre maison, pour une action complète, efficace et lumineuse et définitivement paresseuse pour vous sentir au top !

1

Écoutez votre petite voix intérieure

Qui n'a jamais entendu une petite voix lui dire ce qu'il fallait mieux faire ? Et pourtant, vous faites tout autre chose ? Fameux dilemme qui nous concerne toutes... Et puis, ensuite, vous regrettez ce choix qui vous a conduite dans une impasse ou pas du tout à ce que vous attendiez...

Allo, tu m'entends ?

Alors, parlons de cette petite voix, justement. Comme toutes les paresseuses, vous avez votre petite voix à *vous*. Et cette voix, c'est tout simplement votre intuition, votre inspiration, ce que votre cœur vous dicte de faire. Mais, oh mon dieu... La raison n'est jamais vraiment loin ! Alors, face à la joie de faire telle ou telle chose dans votre vie ou dans une journée, vous préférez suivre cette terrible raison.

Et c'est bien là le problème ! Car faire du feng-shui, c'est nous faire du bien au travers de notre maison, c'est nous écouter pour comprendre ce que notre petite voix intérieure a à nous dire ! Parce que nous avons toutes des problèmes, des inquiétudes, des envies, des rêves, whaou whaou, tout plein dans notre tête.

Soyons claires !

➔ Il ne s'agit pas de tout envoyer bouler, de débarquer dans le monastère zen le plus proche pour méditer 24 heures sur 24 ou encore de partir vivre au pôle Nord. Quoique... Mais d'écouter ce que vous avez envie de dire, de faire, et de le dire ou de le faire, justement.

On y croit !

Si nous continuons à avancer sans voir et sans entendre, bref, avancer en faisant l'autruche, rien ne pourra vraiment changer. Bien sûr, si certaines d'entres vous ne veulent rien changer, ne changez rien ! Mais si vous lisez ce guide, c'est que votre petite voix vous avait justement soufflé de l'acheter et de le lire. Peut-être pour mettre de l'ordre dans vos pensées et vos émotions et commencer à conduire votre vie sans tenir compte ni être gouverné par la raison ?

Larguez les amarres !

Écoutez votre vrai moi qui dit que ce boulot n'est vraiment pas fait pour vous et que vous préférez vous former à cette fameuse technique de massage à laquelle vous avez toujours rêvé. Ou encore, décidez de déménager dans ce pays étranger qui hante toutes vos nuits depuis 20 ans et où vous partez régulièrement pour vous sentir plus vivante. Vivante est le mot, en fait. Suivre ce que notre petite voix nous souffle à l'oreille nous permet de nous sentir vivantes, parce que c'est essentiel pour nous !

Alors, c'est vrai, peut-être qu'il va falloir vous préparer à quelques réactions hostiles autour de vous. Mais c'est plutôt sympa de se sentir bien dans ses baskets, de se sentir joyeuse, épanouie, à la maison, au boulot, entre amis ou avec son chéri...

Mantra : Écoutez votre petite voix le plus souvent possible pour être en joie même s'il pleut dedans ou dehors !

2

Lâchez tout et coupez !

Il y a toujours et encore des situations ou des personnes que vous ne voulez pas lâcher… et ça vous pourrit la vie. Sans compter que se libérer est essentiel pour lâcher prise définitivement. Car sachez que vous entretenez tout un tas de liens polluants, qui forment une gigantesque toile d'araignée tout autour de vous. Et être attachée, c'est pas le top !

Pour éviter l'impasse

Il est bon de faire le point sur tout cela. Le fait de ne pas lâcher vous bloque. Eh oui, chère paresseuse, vous vous accrochez désespérément à un objectif qui n'arrive pas, à une personne qui ne veut plus de vous (mince !)…. Bref, cette énergie conséquente que vous concentrez sur votre désir pas atteint, ça ne va pas du tout.

Il va falloir apprendre à lâcher prise, la fameuse expression qui fait peur et que l'on nous rabâche, pour justement décoincer la situation. Ah bon ? Mais alors, comment peut-on faire cela ?

Apprenez à lâcher prise

Au même titre que vous êtes reliée à votre maison, vous êtes reliée à tout ce qui vous entoure et en interaction avec toutes les situations ou les personnes que vous rencontrez sur votre chemin. Si, si ! Même celui-ci, qui est vraiment désagréable avec vous, ou celle-là, qui vous énerve ; ils ne sont pas sur votre route par hasard. Car le hasard n'existe pas et, loi de l'attraction oblige, vous attirez à vous tout ce que vous êtes à l'instant T.

Or, quand vous concentrez toute votre énergie sur l'objet de vos désirs, ou bien, au contraire, sur quelque chose que vous ne voulez pas et que vous souhaitez faire disparaître, vous lui donnez beaucoup plus de force. C'est comme si vous teniez une corde : plus vous résistez ou plus vous désirez quelque chose qui n'est pas encore arrivé et plus la corde est tendue et empêche donc de lâcher prise, puisque vous la tenez, cette fichue corde !

En revanche, si vous commencez à regarder ce que vous souhaitez ou ne souhaitez pas pour ce que c'est, de l'autre côté de la corde, alors vous reconnaissez que ça existe. Et vous pouvez commencer, petit à petit, à vous détendre.

À partir de l'instant où vous acceptez ce qui est sans résister, vous avez réussi ! C'est seulement à ce moment-là que la situation pourra se transformer et que vous pourrez tout lâcher !

Mantra : Lâchez les wagons si vous voulez que la locomotive de votre intérieur avance dans la bonne direction !

Libérééééee, délivréééeee

Maintenant que vous avez lâché prise, il faut se détacher. L'attachement est avant tout un lien polluant qui vous retient et vous empêche d'être vous-même. « A-tt-a-chée », c'est pas la liberté du tout ! Mais il faut déjà en prendre conscience pour décider de se détacher, justement. Et puis, parfois, je dirais même souvent, vous pouvez prendre peur à l'idée de couper des liens définitivement.

C'est pourquoi, encore et toujours, le feng-shui peut grandement vous aider à vous libérer. La purification de votre intérieur reste essentielle et peut accélérer ce processus de grand nettoyage chez vous et de désactivation de tous ces liens.

➔ LA *LOVE CONNECTION*

Alors, pour votre gouverne, il est important que vous sachiez que vous détacher ne va pas vous faire perdre vos enfants, votre amant, et toutes les personnes que vous aimez ! Vous n'allez justement conserver qu'un lien d'amour, une *love connection* bien meilleure pour tous !

En feng-shuisant votre maison, des liens d'attachement apparaissent probablement. Ils vous guident ainsi pour savoir où chercher et où couper.
Et devenir ainsi beaucoup plus légère !

Magical letters

Pour vous aider à couper tous ces liens, voici un autre petit exercice simple, mais magique. Écrivez à toutes personnes qui vous entourent dans votre quotidien, que vous affectionnez particulièrement ou que vous détestez. Eh oui, c'est aussi possible ! Écrivez donc à toutes ces personnes pour leur exprimer votre ressenti par rapport aux situations que vous avez vécues avec eux.

Ces lettres vont vous permettre de vous libérer de ce ressenti, et surtout pardonner à tous. L'idée est de reprendre le pouvoir d'être qui vous êtes. Écrire va donner plus de poids à votre intention. Ensuite, vous n'aurez plus qu'à brûler vos lettres et jeter les cendres dans un cours d'eau.

Mantra : Coupez les liens et votre vie sera plus légère au quotidien !

3
Reconnectez et colorez !

En commençant à pratiquer le feng-shui, vous avez compris (je l'espère !) que vous êtes reliée à votre maison et à tout ce qui vous entoure. En faisant tout ce travail de décodage de notre inconscient dans notre maison, nous apprenons à nous reconnecter à notre intérieur et à écouter ce qu'il a à nous transmettre. Une fois cette étape "validée", vous pouvez commencer à utiliser les couleurs réelles ou vibratoires pour aller de l'avant.

Se regarder le nombril

Le souci, c'est que chacun continue d'aller chercher à l'extérieur alors que nous avons tout en nous ! Nous pouvons décider de voyager dans notre intérieur pour répondre à toutes nos questions. Car toutes les réponses s'y trouvent ! Le secret est dans notre reconnexion à nous-mêmes. Dès que nous aurons trouvé ce point d'ancrage à l'intérieur, nous pourrons nous reconnecter à l'univers et à toutes les possibilités qui nous sont offertes pour tous et à tous les niveaux.

On y croit !

Reconnecter toutes les paresseuses à l'univers et ses bienfaits, ça vaut le coup d'essayer, non ?

Donnant donnant

Tous ces livres qui fleurissent sur la loi de l'attraction (une grande grande mode) pour demander et attirer à nous tout ce que nous souhaitons, marchent très bien, mais le mode d'emploi n'est donné qu'à moitié !

Car si vous demandez sans tenir compte de ce que vous apportez, vous attirerez probablement le contraire de ce que vous avez demandé ! Vous ferez ce que l'on appelle des « contre-intentions ! »

La clé du succès ? Vous devez tenir compte de votre inconscient et de ce qu'il porte pour faire toutes vos demandes. Et peut-être accepter que la vie soit comme un arc-en-ciel, faite de pluie et de soleil.

Il est donc essentiel de créer des intentions en ajoutant ce qui fait aussi partie de vous : vos doutes, vos inquiétudes, voire vos peurs. Il faut donc demander, certes, mais, grosse astuce, toujours ajouter : « même si je ne sais pas comment, si j'ai peur des conséquences, si je n'y crois pas... ».

Et puis, chère paresseuse, c'est un processus qui s'inscrit dans la durée et dans tout votre quotidien ! Alors un peu de patience !

Il vous en faudra aussi pour apprendre à utiliser les couleurs et vous connecter avec elles dans votre quotidien.

Mantra : J'arrose chaque jour mes plantes et mon intérieur de confiance et de détermination, pour profiter de toutes les connexions disponibles !

Sortez vos pinceaux !

Dans le feng-shui, évidemment, la couleur est un outil essentiel qui va nous permettre de rééquilibrer une situation. En fonction de la zone d'énergie où se trouve une pièce (*bagua*) et de l'orientation du soleil, la couleur utilisée aura une importante fondamentale.

Vous l'avez appris et retenu (je l'espère, encore !), si par exemple une pièce donne plein nord, elle sera très froide car ne recevant jamais le soleil.
Il sera donc d'autant plus important d'y apporter de la couleur, sur les murs directement ou bien à travers la déco : accessoires, symboliques au mur, etc.

Pour vous, c'est exactement pareil : vous pouvez utiliser la couleur pour vous apporter bien-être et guérison.

La palette de couleurs

Info de paresseuse feng-shuisée

Il existe *7 rayons sacrés de couleur* que nous pouvons utiliser au gré du vent, mais aussi au gré de nos envies et, surtout, de nos besoins.

Vous avez besoin de confiance, de retrouver la foi, de vous sentir forte pour des rendez-vous particuliers : visualisez-vous dans une magnifique bulle bleue.

Si c'est un besoin de réconfort ou d'amour, ce sera le rose.

Pour plus de joie, d'équilibre et de purification, c'est le blanc qui est parfait.

Vous avez la tête à l'envers, ne savez plus quoi penser ? Alors le jaune vous mettra les idées au clair.

Vous n'êtes pas en paix, tourmentée par les événements qui jalonnent votre vie ? Utilisez un rubis doré.

Le violet transforme tout ce qui a besoin de l'être.

Quant au vert, apprenez que c'est une couleur extraordinaire, pour apporter abondance, fluidité, santé, renaissance et grande transformation... Un programme exceptionnel, génial à tout niveau ! Voilà pourquoi les plantes, en plus d'une énergie vitale importante, vous apporteront tout le reste ! Il est temps pour vous d'avoir la main verte, non ?

Vous pouvez visualiser toutes ces couleurs sur des situations pour les améliorer, ou sur vous pour vous faire du bien. Et dans votre maison aussi, de manière virtuelle, ou en réel si vous préférez.

Mantra : Mettez-vous à la couleur, c'est magique !

4
Changez votre vision et allumez la lumière !

Le changement est une grande étape dans ce coaching. Acceptation du changement ou résistance ? C'est bien le problème. Alors où en êtes-vous, paresseuse, dans ce processus ? Êtes-vous pour ou contre ? Parce que même si vous êtes OK pour écouter, lâcher, libérer, couper, reconnecter, colorer... (C'est déjà très bien !), le parcours est encore long !

Une nouvelle vision !

Pour continuer à avancer et atteindre l'étape 7 ou 8, il va vous falloir accepter le changement, accepter de changer. Car ce n'est pas l'extérieur que vous allez transformer par, votre désir ou par votre volonté, vous le savez parfaitement ! C'est de vous, qu'il s'agit !

Nous sommes tous reliés, comme vous le savez maintenant. Vous savez aussi que vous n'avez jamais réussi à changer rien ni personne d'un simple coup de baguette magique. Parce que ça ne marche tout simplement pas ainsi ! Vous ne pourrez produire de modification qu'à partir de vous seule. C'est votre énergie, votre point de vue sur les choses, qui changera votre vision et votre vie.

Dans cette sixième étape, il est donc question de changer votre vision des choses, de ce qui vous arrive au quotidien, la façon dont et vous l'accueillez...

Je sais, pas évident de recevoir à bras ouverts des galères et des difficultés, genre la bonne copine qui vous fait un mauvais coup, le fiancé qui vous lâche ou encore le patron qui vous vire... Mais rappelez-vous : le hasard n'existe pas et nous sommes ici pour vivre de grandes expériences terrestres !

Let the sunshine in

Il vous reste une solution : adopter la positive attitude et mettre de la lumière sur tout ! Sur ce que vous mangez, sur vous au réveil, dans la voiture, dans le métro et sur tous les gens de votre rame ! C'est parce que vous allez consciemment allumer la lumière dans votre intérieur (vous et votre maison) que vous allez augmenter votre énergie positive et celle des personnes qui vous entourent.

En voyant les choses autrement, vous allez vous poser les bonnes questions, détendre l'atmosphère en injectant plus de tolérance dans votre quotidien. Et là, croyez-moi, la paresseuse que vous êtes va prendre de l'ampleur et sa lumière sera lumineuse, très lumineuse !

Mantra : C'en est fini du jugement sur vous, d'abord ! « J'ai pas fais assez bien, je suis pas assez ci... et puis je suis trop ça... » Vous êtes parfaite telle que vous êtes et tout le monde est parfait tel qu'il est !

5
Vivez ici et maintenant

Avant-dernière étape de ce super-coaching : le temps qui passe. Ah ! le temps ! Le passé, le présent, le futur. Voilà un gros souci à travailler. Parce que même si vous êtes une super-paresseuse, il y a des chances que à l'image de chacune d'entre nous, vous ne viviez pas tant que cela dans le moment présent...

Moment de vérité !

Mais si vous réfléchissez bien, le futur n'existe pas... Puisque c'est du présent pas encore arrivé !

Retour vers le futur

À cette étape, le feng-shui est redoutable. Comme vous l'avez appris, quand nous plaçons notre fameux *bagua* sur le plan de notre maison ou de notre appartement, nous plaçons en même temps deux zones importantes : le passé et l'avenir. Puis, nous nous rendons compte que, très souvent, la passé à gauche a du mal à retrouver le futur à droite.

La circulation est loin d'être fluide. Alors comment pouvons-nous avancer si ce passage est bloqué ? Comment pouvons-nous créer des projets dans le futur si nous ne réglons pas le passé ?

Beaucoup d'événements nous retiennent malheureusement bien malgré nous dans le passé. Nous avons du mal à le libérer parce que nous avons du mal à tourner la page. Des séparations (aïe), des situations pas très drôles, bref, des événements que nous n'avons finalement pas complètement acceptés... Mais du coup, ces émotions qui nous retiennent dans le passé sont bien ancrées dans notre cerveau et, que nous le voulions ou non, elles nous empêchent d'aller de l'avant.

D'un autre côté, il y a toutes celles (elles se reconnaîtront) qui foncent tête baissée dans le futur avec des projets et encore des projets... Et elles ont tellement de projets, qu'elles en oublient le présent !

Conjuguez au présent

Vous avez donc peut-être encore besoin de vous replonger dans quelques émotions du passé pour vous libérer totalement et accepter de vivre votre présent.

C'est le moment de comprendre que votre présent est le plus important et que ce n'est pas en le fuyant que vous arriverez à le changer ici et maintenant. Si vous vous coupez du présent, vous vous coupez de tout ce qui est disponible. Et c'est dommage, car toutes les opportunités sont accessibles à partir du ici et maintenant, et pas à partir du passé qui est terminé ou du futur qui n'existe pas.

Pour arriver à vous recentrer dans le temps, vous pouvez vous aider de votre maison et travailler toutes vos zones feng-shui « passé » et « avenir » en y apportant des symboliques adaptées. Liberté, abondance, amour, ouverture, paix, projet sont autant de belles images que vous pouvez afficher haut et fort !

Chère paresseuse, souhaitez vous continuer à vivre, alourdie par tous les wagons, et rabâcher votre vie passée et ce qui n'a pas été, ou décider de vivre maintenant pour construire un futur de super-paresseuse ?

La balle est dans votre camp !

Mantra : Laissez germer l'intuition et l'inspiration ici et maintenant ; c'est cette énergie qui vous apportera les projets de demain.

6

Appréciez la récompense et remerciez

Vous y êtes enfin ! Voici la dernière étape de ce coaching feng-shui intérieur, la récompense. Connaissez-vous la théorie du verre à moitié plein ou à moitié vide ? Face à votre vie, vous avez la possibilité de la voir de ces deux façons, qui sont somme toute très différentes. Cela dénote votre capacité à apprécier ce qui est ou à concentrer votre énergie et votre attention sur ce qui n'est pas. Mais, en bonne paresseuse, l'essentiel ne peut vous échapper !

A-ppré-ciez !

Sachez que la loi de la gratitude est essentielle dans tout ce qui est et fait notre vie à chaque instant. Mais la loi de l'attraction existe toujours en parallèle de celle de la gratitude. Le souci est que si vous concentrez toute votre attention sur ce qui vous manque, vous allez inévitablement agrandir ce manque. Loi de l'attraction oblige.

Il serait dommage de mettre en pratique les 7 premiers points de ce coaching dans tout votre intérieur – que ce soit votre *Home* ou vous plus directement – et de tout détruire parce que vous êtes incapable d'apprécier ce que l'univers vous envoie !

Bonne ou mauvaise, l'expérience reste l'expérience. Et cette même expérience nous apprend justement que, bien souvent, l'expression « un mal pour un bien » s'avère juste. Nous ne détenons pas toutes les pièces du puzzle. Il nous faut être patientes dans tout le processus.

Dites merci !

Ayez de la gratitude pour tout ce qui est dans votre vie, de la plus petite chose à une opportunité beaucoup plus fun et importante. Remerciez pour les factures que vous payez et qui vous assurent un toit (pas si mal), de l'eau (bien pratique), de l'électricité (ça change de la bougie). Tout cela ne peut être gratuit ! Remerciez d'être en bonne santé si c'est votre cas, car sans la santé, très peu de chance de rester une paresseuse en forme !

Remerciez dès que vous en avez la possibilité de nager dans cette belle énergie qui vous permettra de regarder toujours votre verre à moitié plein. Et l'espérance de le remplir encore et encore de plein de nouvelles belles choses à tout niveau et à chaque instant.

La phrase à retenir !

Pour réussir, vous n'avez donc pas d'autre choix que de laisser le puzzle de votre vie s'assembler progressivement au gré des expériences, quelles qu'elles soient. Et remerciez chaque jour l'univers pour tout ce qu'il vous a déjà apporté.

Dans la même collection...

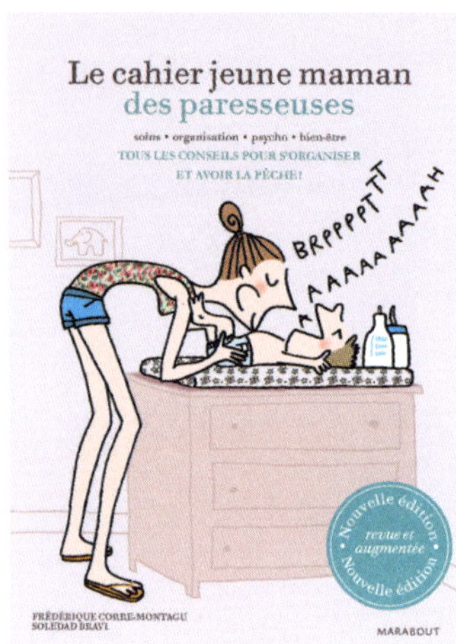

Le cahier gym
des paresseuses
30 QUESTIONS-RÉPONSES POUR AIMER LA GYM
JULIE FERREZ
SOLEDAD BRAVI
MARABOUT

Le cahier positive attitude
des paresseuses
gestion des émotions • confiance en soi • organisation • bien-être
30 JOURS DE COACHING POUR VOIR LA VIE EN ROSE !
yes
avec plaisir
biensûr
HAHAHA
toujours partante
ok
Super
d'accord
faisons ça
allons-y
OLIVIA TOJA ET SOLEDAD BRAVI
MARABOUT

Le cahier tutos beauté
des paresseuses
maquillage • coiffure • soin • nail art
30 TUTOS POUR TOUT SAVOIR DES SECRETS DE PROS
ANNE THOUMIEUX
SOLEDAD BRAVI
MARABOUT

Conception graphique : Noémie Levain et Olivier Lauga
Imprimé en Espagne par Macrolibros
Pour le compte des éditions Hachette Livre (Marabout)
58, rue Jean Bleuzen - 92170 Vanves

Dépôt légal : mars 2015
ISBN : 978-2-501-09888-5
7533438/02